OGGI FARE BUSINESS E' POSSIBILE!

Giuseppe Diurno

OGGI FARE BUSINESS E' POSSIBILE!

10 Strategie per costruire
un business di successo,
o per espandere e migliorare
quello che già stai facendo.

Prima edizione di questo libro è maggio 2015

Tutti i diritti sono riservati e protetti da Copyright

ISBN: 978-1-326-27933-2

GIUSEPPE DIURNO
info@giuseppediurno.com
www.giuseppediurno.com

Dedicato ai miei Tesori ATENA e ACHILLE

TESTIMONIANZE

Grazie a Giuseppe ho ottenuto tanto dalla vita, sia come persona ma anche nel business. Come persona mi ha aiutato a diventare ciò che ho sempre sognato essere. Mentre nel Business, avere un Formatore in campo finanziario e di crescita personale come lui, ti può davvero portare attraverso le sue strategie, a costruire un business d'eccellenza. Ho la fortuna di stimare Giuseppe come socio ma anche come fratello.
Quando cita la frase "Oggi fare business è possibile" è reale, in quanto l'ho visto fare direttamente con i miei occhi! Per me è stato davvero straordinario vedere la crescita che abbiamo avuto come soci seguendo le sue tecniche e strategie nel tempo, ma non solo, vedere anche la crescita che ha avuto in qualsiasi altro business. Proprio per questo oggi Forma e aiuta tantissime persone a farle crescere e realizzare! Sono sicuro che se inizierai davvero a seguire tutto quello che ti dirà in questo libro potrai avere una crescita esponenziale sia personale che professionale!

Consiglio a tutti voi di avere la fortuna di conoscerlo perché se hai un business o vuoi crearlo da zero lui è la persona che fa al caso tuo!

Alessandro Diurno
Mental Coach

Ciao mi chiamo Paolo Ronconi e da anni coltivo la passione per il web. Nella mia vita ho sempre svolto un lavoro come dipendente lasciando al web il tempo che trovavo! Da quando ho iniziato a collaborare e utilizzare le strategie di Giuseppe Diurno, la passione per il web, in breve tempo, si è concretizzata in una vera e propria professione, sino a diventare ad oggi, il mio lavoro principale! Finalmente padrone di me stesso, della mia vita, senza più capi a cui sottostare! Suggerisco con forte entusiasmo, che per cambiare in meglio abbiamo bisogno di un forte obiettivo da perseguire tutti i giorni e di persone professionali, serie e formate come Giuseppe che sapranno, solo se lo vorrai, condurti in breve tempo al successo!

Paolo Ronconi
Web Master

Lavorare con Giuseppe e seguire i suoi consigli e strategie mi ha formato sotto ogni aspetto, è sempre stato per me un esempio di leadership e mi ha insegnato il valore dell'impegno e della responsabilità. Grazie a lui sono cresciuta e ho acquisito tantissime conoscenze importanti per il mio percorso lavorativo. Sono sicura che ci saranno tante alte cose da imparare da lui per sviluppare al meglio quelle abilità che forse nemmeno io so di possedere.

Agnese Bregoli
Sportiva Professionista

Giuseppe ha un talento da leader innato che riesce a comunicare ai suoi collaboratori con naturalezza ed umiltà. Questa combinazione tra autorevolezza e spontaneità è quello che mi ha sempre invogliato ad imitarlo e a seguire i suoi contributi alla mia crescita professionale. Da Giuseppe ho imparato come avviare la mia attività di networker, migliorare le mie attività commerciali ed essere un punto di riferimento per altre persone. Ma principalmente a credere nelle mie potenzialità, al potere della mia mente e ad esaltarle con la mia creatività.

Davide Campanella
Imprenditore

Ho conosciuto Giuseppe nel 2010 e da subito si è instaurato un rapporto di stima. Giuseppe viene da un'esperienza imprenditoriale già molto affermata e vedendo i risultati ottenuti mi è sempre interessato ascoltare il suo modo di pensare ed agire. Nel mio percorso l'influenza di Giuseppe è stata fondamentale per la mia crescita personale e professionale. Mi ha aiutato a focalizzarmi sui risultati che volevo ottenere, mi spronava quando doveva farlo e mi insegnava là dove avevo bisogno. È stata una figura molto importante per me dal punto di vista lavorativo perché è un esempio da seguire. Grazie Giuseppe per l'aiuto che mi hai dato. Insieme a persone così OGGI FARE BUISNESS È POSSIBILE.

Carlo Ferrari
Networker

Ho conosciuto Giuseppe Diurno sia personalmente nell'amicizia che professionalmente nel lavoro, e devo dire che non ho trovato differenze come solerte accade,
 la stessa passione per la vita la stessa forza nel trasmettere i suoi ideali per avere un business di successo. Se devo trovare una descrizione che lo riassuma in una parola quella parola è "vincente"! Com'è vincente la sua strategia. Lo conferma

l'esperienza professionale nell'attività in cui mi ha coinvolto da circa un anno, superando le mie umili aspettative che si riducevano alla semplice possibilità di pagare il mutuo. Ho potuto andare oltre e in breve tempo avere delle entrate superiori a uno stipendio e lavorando dieci volte meno in termini di tempo. E i risultati continuano ad arrivare anche mentre scrivo queste righe! L'attività continua a lavorare per me anche quando io non lo sto facendo, ecco perché è vincente questa strategia. Giuseppe è un vincitore perché è una delle persone più instancabili che io abbia conosciuto, più consuma energia e più questa sembra rigenerarsi e questo trasmette all'interlocutore una carica di entusiasmo tale che arriva a pensare, con estrema facilità e semplicità, che il Network Marketing sia il lavoro migliore al mondo!

Emanuela Maran
Infermiera

Giuseppe è un imprenditore, un professionista, una persona a cui affidarsi, chiedere consiglio, un amico in cui riporre stima e fiducia. Lavorare con Giuseppe e usare le sue strategie significa essere in continua crescita, sia dal punto di vista personale che professionale, significa essere alla continua ricerca di stimoli nuovi, di innovazione, per essere sempre un passo avanti. Grazie a lui sono riuscito a trovare la soluzione a problemi ed a tenere alto il livello di interesse ed entusiasmo in qualsiasi cosa io faccia. Trasmettendo agli altri positività, si trova la voglia e la forza di affrontare sempre sfide nuove, imparando a puntare all'eccellenza in ogni campo. Ho iniziato a toccare con mano risultati importanti, iniziando ad avere riscontri economici di alto valore, semplicemente seguendo con impegno e tenacia i consigli e pareri di un vero professionista, che mette a disposizione di tutti non solo parole, ma esperienze vissute in prima persona, un vero esempio di leadership. Nessuna giustificazione per chi non riesce a mettere in pratica le sue strategie, Giuseppe mette a disposizione tutte le chiavi per aprire qualsiasi porta, spetta solo a noi far scattare quelle serrature.

Fabio Cosma
Sportivo Professionista e Networker

Per me Giuseppe è tante cose, è una persona fuori dal comune, e ho la fortuna di lavorare e collaborare con lui, di chiamarlo Maestro, Upline e soprattutto amico.

Mi ha insegnato che se si vuole cambiare qualsiasi cosa nella propria vita, bisogna prima di tutto sapere cosa si vuole ottenere o dove si vuole arrivare.

Ad ora che sto scrivendo, grazie a Giuseppe, sono istruttore di arti marziali in due palestre e ho un importante qualifica in un'azienda di network marketing. Sto lavorando per migliorarmi come professionista in entrambi i campi, per avere sempre più allievi nelle palestre e per raggiungere qualifiche più importanti nel network marketing, e so che raggiungerò l'obiettivo, grazie alle strategie di Giuseppe e perché so dove voglio arrivare.

Rocco Alberighi
Sportivo Professionista e Networker

Da anni mi occupo di formazione sportiva, personale e professionale. L'incontro con Giuseppe Diurno e la condivisione di importanti momenti di crescita, mi hanno permesso di potenziare obiettivi personali in ordine a leadership e business. Il suo modo di comunicare le esperienze da lui maturate ed i concetti anche più approfonditi, risulta chiaro, comprensibile e di immediata applicazione. Sono certo che chiunque avrà modo di assimilare i suoi suggerimenti e deciderà di applicarli, farà la differenza come business man, ma anche come persona.

Prof. Paolo Mario Chilanti
Formatore

Sono Andrea Cavalieri, collaboro con Giuseppe Diurno e sto ottenendo dei risultati fantastici, sia economicamente, sia nella vita di tutti i giorni dato che, nel giro di poco tempo grazie alle sue tecniche di comunicazione e alle sue attività, ho aumentato la mia popolarità conoscendo nuove persone, aumentando l'autostima viaggiando ogni giorno in luoghi diversi, sicuramente ogni nuovo collaboratore di Giuseppe Diurno è destinato a crescere in tutti i campi, questo è garantito, io lo sto provando sulla mia pelle.

Andrea Cavalieri
Sportivo Professionista

SOMMARIO

PREFAZIONE DI LORENZO FERRARI   16

INTRODUZIONE   18

Cap.1 - DOVE CI TROVIAMO OGGI   24

Cap.2 - LA MIA STORIA   30

Cap.3 - IL PROBLEMA   41

Cap.4 - 1° STRATEGIA -
TROVA IL TUO OBIETTIVO E IL TUO SCOPO   45

Cap.5 - 2° STRATEGIA -
DOVE TI TROVI, DOVE VUOI ANDARE
E PERCHE' E' POSSIBILE FARE BUSINESS   53

Cap.6 - 3° STRATEGIA –
COME DOMINARE E DIREZIONARE
LA NOSTRA MENTE E GESTIRE L'UMORE   67

Cap.7 - 4° STRATEGIA -
LA PIANIFICAZIONE E GESTIONE DEL TEMPO
E COME LA PSICOLOGIA INCIDE SULLA
STRATEGIA   74

Cap.8 - 5° STRATEGIA -
LA PSICOLOGIA DELLA VENDITA   81

Cap.9 - 6° STRATEGIA -
COME GENERARE E GESTIRE UN CLIENTE
E SUPERARE LE OBIEZIONI   88

Cap.10 - 7° STRATEGIA -
SELF MARKETING   98

Cap.11 - 8° STRATEGIA -
L'IMPORTANZA DI DECIDERE DI FARE
QUALCOSA E LA CONSEGUENZA DEL
NON FARLO   107

Cap.12 - 9° STRATEGIA -
SUPERA I TUOI LIMITI   114

Cap.13 - 10° STRATEGIA -
AGISCI   120

CONCLUSIONE   126

APPENDICE 132

RISORSE 135

RINGRAZIAMENTI 137

BIBLIOGRAFIA 138

PREFAZIONE

Con orgoglio scrivo la prefazione di questo libro e dell'autore.

OGGI FARE BUSINESS E' POSSIBILE! Leggendo questo libro ho trovato i veri valori del Business e del Network ma soprattutto il come avere successo nella vita, che sulla base della mia esperienza trovo fondamentale per la crescita personale e il mondo del lavoro oggi.

Da quasi trent'anni faccio business e sono nel mondo del Network Marketing a tempo pieno e da dieci come imprenditore nello stesso settore.

In tutti questi anni ho conosciuto centinaia di migliaia di persone che vorrebbero sfondare nel mondo del lavoro, la maggior parte di esse hanno dei buoni propositi ma mancano di sistemi e tecniche per prendere il volo. I suggerimenti e consigli che l'autore del libro elenca sono a mio avviso fondamentali per la buona riuscita nel mondo degli affari.

L'autore Giuseppe Diurno che conosco personalmente, ed ho avuto modo di seguire nelle sue attività, si è sempre distinto per la tenacia, la concretezza e la capacità di realizzare i suoi obiettivi, una persona che consiglierei a tutti di seguire sia come leader che come formatore nel mondo imprenditoriale. Usando le tecniche che l'autore descrive in modo semplice e dettagliato l'hanno portato a dei risultati straordinari nel mondo del lavoro e non solo.

Sono personalmente orgoglioso di aver la possibilità di consigliare questo libro che terrò caro come un tesoro per la mia formazione e la formazione di tutte quelle persone che vogliono fare la differenza. Come poco accade, finalmente un libro scritto da una persona che fa quello che consiglia e che con questo metodo si è distinto.

Vi auguro una buona lettura convinto che mettendo in pratica i suggerimenti che Giuseppe offre possiate realizzare ciò che più desiderate nella vostra vita.

Lorenzo Ferrari
Coofondatore e Presidente di Xenia s.r.l.

INTRODUZIONE

Ciao sono Giuseppe Diurno e ho deciso di scrivere questo libro con l'unico scopo di poter aiutare tutte le persone che come me hanno scelto di prendere in mano la loro vita e di condurla lì dove possano stare meglio. Ho maturato anni di esperienza sul campo che metto a disposizione di tutti senza chiedere nulla in cambio, perché sono convinto che il successo vada festeggiato e a volte l'esperienza di uno che ce l'ha fatta può dare la motivazione giusta ad un altro a reagire. La cosa che mi appaga di più è proprio l'idea di sapere che le persone grazie ai contenuti di questo libro possano migliorarsi, innalzarsi e realizzarsi.
Negli ultimi dieci anni ho frequentato tantissimi corsi, letto tantissimi libri, fatto video corsi, ascoltato audio corsi, con i migliori della formazione, crescita personale, professionale e finanziaria in Italia e all'estero, tra i più noti ci sono Anthony Robbins, Roberto Cerè, T. Harv Eker, Alfio Bardolla, Claudio Belotti, Roberto Re, Emanuele Maria Sacchi, Giancarlo Nacinelli, Beu Toskich, Sergio Borra, Basil De Luca e tanti altri e da ognuno di loro ho cercato di apprendere cosa di meglio

potessero darmi, questo ha comportato tanto tempo e tanti soldi spesi, ma oggi finalmente grazie alla mia attitudine di voler sempre ricercare l'eccellenza per poter ottenere il massino sono riuscito a codificare i loro insegnamenti, a schematizzarli e ad applicarli per qualsiasi attività, riuscendo a formulare una ricetta perfetta per un business di successo guidato da una persona in gamba, capace e credibile.

Oggi a causa delle condizioni socio economiche del nostro Paese fare business non sembra così semplice, le banche non erogano soldi e fare investimenti è sempre più rischioso.

La crisi ha colpito oltre che i portafogli delle persone, la loro mentalità e per questo la maggior parte si è rassegnata e chi non lo ha ancora fatto stenta comunque ad arrivare a fine mese.

Passare dall'Era Industriale a quella dell'Informazione ha fatto vacillare le certezze delle persone, dei liberi professionisti e degli imprenditori.

Il mondo sta cambiando, la nuova epoca ha portato un progresso e una tecnologia tale che le persone non hanno capito come farla propria e hanno iniziato a rifiutarla. Rifiutandola sono rimasti con la mente nel passato e con il corpo nel presente e per fare Business o per sentirsi semplicemente sicuri di ciò che stanno facendo, Corpo e Mente devono essere perfettamente allineati.

Dobbiamo iniziare a renderci conto che siamo in una nuova realtà, dove Smartphone, internet e social network ti danno la possibilità di avere il mondo tra le mani. Le persone che li hanno accettati e compresi stanno sfruttando questo periodo di crisi come svolta, cambiamento e trasformazione della loro vita, perché hanno capito che possono competere addirittura con multinazionali e aziende che sono presenti da anni sul mercato. Hanno così la possibilità di essere visibili allo stesso modo, posizionarsi sul mercato praticamente gratis grazie a questi nuovi mezzi di diffusione delle informazioni. Infatti tutti possono avere un canale nella tv più grande e vista al mondo, YouTube, tutti possono avere un profilo per veicolare i loro messaggi e far vedere i loro prodotti, come Facebook, Twitter, Google Plus, Linkedin, Instagram e tanti altri, tutti possono avere un negozio, ma questa volta on-line senza spese di gestione, senza spese di commessi, senza pagare affitto e utenze; ma ci pensate in che epoca meravigliosa siamo?!

Anche a me è capitato all'inizio di essere destabilizzato, di non capire, e di non voler accettare le novità, tutte le certezze che avevo in un soffio si erano volatilizzate e, o mi rassegnavo e lasciavo sfumare tutto o capivo e coglievo l'occasione che si era presentata, ed è quello che ho fatto.

Io vengo da una famiglia in cui mio padre Maresciallo dei Carabinieri fedele all'arma e allo Stato, essendo della generazione del "lavoro sicuro", del posto fisso, cercava di indirizzarmi verso quei settori, verso quel mondo. Le persone di cui mi fidavo di più mi davano alcuni consigli, sicuramente per il mio bene, ma io sapevo però che non erano più giusti per il periodo storico in cui ci trovavamo e contro tutti ho iniziato una lotta controcorrente, contro amici, parenti e genitori per distinguermi. Volevo emergere perché sentivo dentro di me che quella era la strada giusta, ma non conoscevo il percorso, lo schema, le strategie, la mentalità con cui affrontare quelle novità.

E' stata davvero dura, ma ho iniziato a studiare, a leggere ad informarmi e ho iniziato pian piano a mettere mattone dopo mattone ordine al mio disordine mentale.

Per iniziare la scalata ho sfruttato inizialmente un mio talento e passione, come la conoscenza delle arti marziali, il Ju Jitsu, per aprire la mia prima palestra a soli 19 anni iniziando ad attuare le prime strategie che stavo imparando e con stupore ottenevo i primi risultati. Ma il sole spesso viene dopo una tempesta e così è successo a me. Per

aprire questa palestra ho pianto, sofferto, litigato e subìto tante umiliazioni, pensa che oltre al fatto che i miei genitori fossero contrari perché avevano paura che non finissi il liceo, perché quello non era un "vero lavoro", non era sicuro e che non mi avrebbe dato una pensione, lo stesso sindaco del paese mi disse: " Giuseppe qui è un piccolo paese, sono chiusi mentalmente, quelle cose dove si urla non vengono comprese, non potrai mai avere più di 7/8 persone comprese i tuoi genitori", con il morale sotto i piedi mio padre rincarava la dose dicendo "hai visto te lo avevo già detto io"! Ma io sapevo che con le tecniche che stavo studiando e che stavo mettendo in atto sicuramente anch'io come tanti altri potevo farcela e sono andato per la mia strada! Quando riuscii a superare la mia prima tempesta il sereno prese il sopravvento, l'11 settembre del 2006 ho aperto la mia prima palestra e ho chiuso l'anno con oltre 100 persone iscritte ad un unico corso.
Ad oggi conto diverse attività commerciali in diversi settori e centinaia di collaboratori.
E' possibile, anche tu puoi farcela! Forse non hai ancora la ricetta completa per riuscirci, o forse va solo rivisitata quella che hai, ma è un dato di fatto che tu parta da zero o che tu sia già un professionista o che tu voglia espandere il tuo business devi sapere che oggi è possibile farlo,

posso dire con certezza però che ci vogliono strategie ben precise e un determinato atteggiamento mentale.

Con me imparerai quali sono state le strategie che mi hanno permesso di cavalcare questa nuova Era, che tipo di atteggiamento mentale ho sviluppato e come l'ho sviluppato.

Ecco un piccolo assaggio di cosa troverai nel libro: ti insegnerò di nuovo a sognare facendoti capire che solo se hai un sogno e uno scopo potrai cambiare te stesso e influenzare positivamente le persone che ti stanno vicino, imparerai a visualizzarlo, imparerai a desiderarlo così tanto da capire esattamente quando lo vorrai concretizzare, i passi che ti porteranno ad ottenerlo e a capire cosa dovrai essere disposto a fare per poter dire "ANCH'IO CE L'HO FATTA!".

CAP.1

DOVE CI TROVIAMO OGGI

Ormai tutti conosciamo la drammaticità della situazione ufficiale, migliaia di aziende chiuse, migliaia di persone senza lavoro, anche laureate e diplomate, persone con famiglia rimaste senza lavoro e spesso senza più una dignità. Non si sa più cosa fare, è aumentata la criminalità, lo spaccio, la prostituzione. Lo stato non è più credibile, non aiuta i cittadini, le imprese e gli imprenditori, le banche non erogano più soldi.
Anni fa, se smettevi prima del tempo gli studi comunque trovavi lavoro e se li finivi potevi ambire ad un lavoro davvero di prestigio per qualche azienda importante o per qualche banca, oggi però non è più così. Il lavoro che prima era sicuro oggi non esiste più.
Prova solo a pensare a qualche anno fa o agli anni 2000, sembra ieri che abbiamo brindato al nuovo millennio e sono già passati tanti anni da allora e se non decidiamo anche noi di progredire e reagire, rischiamo di restare troppo indietro con i tempi che corrono, si proprio così, il tempo scorre molto velocemente e se non iniziamo a governarlo

rischiamo che gli anni passino e un giorno girandoci indietro avremo solo rimpianti e rimorsi di cose fatte che non volevamo fare e di cose che invece avremmo voluto fare.

Prova solo a pensare che con un semplice Smartphone oggi puoi avere il mondo in mano, hai accesso a milioni e milioni di informazioni di qualsiasi genere con un click o addirittura chiedendoglielo direttamente; pensa che aziende come la Jaguar simbolo dell'Inghilterra e la Land Rover sono state comprate dal signor TATA, un indiano, così come la Chrysler è stata ceduta alla FIAT gratis, pensa che un ragazzino di 22 anni con solo il diploma ha creato Facebook, uno dei social network più potenti del mondo e il 1° in Italia, che lo hanno consacrato tra gli uomini più ricchi del mondo, Unieuro è stata assorbita dal Marcopolo Expert, Bimbo Store e Prenatal assorbiti dalla Toys Center della società Giochi Preziosi, l'Inter ha ceduto il 70% delle sue quote ad un indonesiano Erick Thohir, Bulgari è stata comprata da Luis Vuitton Moet Hennessy, la casa di moda Gucci comprata da una holding francese Kering, la casa di moda Valentino acquistata da una società del Qatar la Mayhoola for Investments, questo solo per farti capire che non esistono più le certezze che c'erano una volta, tutto è cambiato e sta cambiando.

Però devo anche informarti che per uscire da questa situazione non sarà semplice, dovrai decidere di lottare, di reagire di combattere per i tuoi ideali e per i tuoi sogni e per il tuo scopo, dovrai fare sacrifici, informarti, studiare, fare esercizi, guardare lì dove solo tu vedi qualcosa e gli altri quindi non ti comprenderanno. Probabilmente anche la tua famiglia e i tuoi amici non ti capiranno, potresti trovarti ad un certo punto con la sensazione di sentirti solo e incompreso, ma tranquillo ci sono passato anch'io non sei solo, anzi questa volta avrai me che con le strategie che ti insegnerò raggiungerai la meta soffrendo e faticando molto meno di quello che ho dovuto fare io, perché a me nessuno lo ha insegnato e mi ha guidato, solo dopo tanti fallimenti ho trovato la strada e tu oggi la strada potrai seguirla perché è illuminata e ho anche messo i segnali giusti e i lampioni per farti capire che sei nel posto giusto.

E' importante che tu comprenda bene che la NEGATIVITA' UCCIDE LA CREATIVITA', infatti ti sarai reso conto che se inizi a concentrati sul perché le cose non vanno le risposte saranno sempre negative e distruttive e a te cresce quel senso di ansia e di paura offuscando completamente la tua creatività che potrà sempre farti vedere invece la soluzione a qualsiasi cosa, a

questo proposito quindi ai giorni d'oggi dovremo evitare di ascoltare telegiornali, leggere giornali e stare con persone che parlano solo negativamente.
I mass media guadagnano parlando di tragedie e visto che per loro è un Business ne approfittano per mettere in evidenza solo quello che non va, fa più scena dire che migliaia di aziende durante l'anno falliscono invece di parlare di quante aziende stanno crescendo e quali sono i settori dove investire tempo e denaro, sarebbe troppo facile, e i loro guadagni diminuirebbero, adesso basta, cambiamo prospettiva, siamo nel paese più bello al mondo, dove si mangia meglio e che tutto il mondo ci invidia e noi siamo fortunati ad essere nati qui e ad abitarci.
Dobbiamo però decidere se essere parte del problema o se essere parte della soluzione e se decidiamo di essere parte del problema, saremo in balìa di chi ha deciso di essere parte della soluzione e di questo ne dobbiamo essere consapevoli così da non prendercela più con nessuno di ciò che ci capita. Se all'insorgere di un problema cerchi il motivo del perché sia nato quel problema, scoprirai che esistono solo altri problemi, io invece ti invito e ti esorto da oggi a cercare solo SOLUZIONI, perché se ti concentri su come risolvere un problema la risposta arriva.

Guardiamo le cose dal nostro punto di vista e di cosa di bello e buono possa fare il nostro business con i nostri prodotti o servizi che offriamo, ovvero che valore aggiunto possiamo portare alle persone e come possiamo aiutarle a trasformarsi in persone migliori. Ti chiedo di essere eccellente in tutto ciò che da oggi farai, non bravo, eccellente. Il valore percepito dei tuoi prodotti o servizi dovrà essere superiore del valore economico di ciò che hai deciso di distribuire.

Tutte quelle persone che non decideranno di essere parte della soluzione falliranno, lo so è ingiusto, ma la vita è fatta di cose giuste e ingiuste e il fatto che non tutti possano star bene e far vivere bene le loro famiglie è ingiusto, ma è la vita, noi possiamo solo informarle che una soluzione c'è, esiste, ma poi tocca a loro mettersi in gioco. Ricorda, ci sono persone che vedono le cose accadere, persone che si stupiscono che le cose accadano e persone che le cose decidono di farle accadere.

Tu che persona vuoi essere?

E se hai deciso di essere la persona che fa accadere le cose, se mi seguirai, ti mostrerò come diventare finalmente libero.

Io ho capito queste cose perché un giorno ho detto basta, ho deciso che avrei dato una stabilità finanziaria alla mia famiglia e che avrei fatto vivere i miei figli bene e non di stenti e di rinunce. Studiando, fallendo, cadendo, rialzandomi e ritentando ho capito sempre meglio il cosa fare e cosa non fare per avere successo e godere a pieno di questa vita.

CAP.2

LA MIA STORIA

Voglio che tu comprenda chi sono, che diventiamo amici e solo così potrai anche tu entrare nello spirito giusto per apprendere, capire e iniziare a realizzarti.
Come ti accennavo prima, io sono figlio di un Maresciallo dei Carabinieri e a causa del lavoro di mio padre non ho mai finito una scuola in un unico posto, in uno stesso anno poteva capitare di cambiare tre scuole, questo perché per crescere e fare carriera in base ai ruoli che aveva eravamo perennemente in giro per l'Italia. Cambiare sempre città apparentemente può sembrare anche bello e affascinante, ma allo stesso tempo può essere devastante per un bimbo. Anche oggi che sto scrivendo questo libro, ricordando quei momenti ho un nodo alla gola e gli occhi lucidi, sai, non poter avere mai amici o semplicemente riuscire a coltivare un'amicizia, non sentirsi mai appartenente ad un gruppo era devastante. Pensa solo che quando arrivavo nelle classi ad anno già iniziato tutti i gruppetti di amici erano già creati,

ma la cosa ancora più brutta è che spostandomi dal nord al sud il mio accento e la mia cadenza erano un mix di tanti suoni e termini diversi e venivo preso in giro per questo.
Gli unici amici con i quali uscivo erano i carabinieri e per questo ancor di più venivo allontanato. Erano davvero momenti brutti per me, ma la cosa che non sopportavo era quella sensazione di non stabilità. Mi ripetevo sempre che un giorno tutto questo sarebbe dovuto cambiare, sarei stato padrone della mia vita e avrei avuto una stabilità domiciliare e soprattutto economica. Sai cercavo sempre una stabilità anche economica perché pur avendo mio padre un lavoro di prestigio, in quattro persone con un solo stipendio era difficoltoso potersi permettere tutto ciò che si desiderava. I miei genitori hanno sempre dato tutto quello che potevano a me e a mio fratello cercando di farci vivere più del meglio delle loro possibilità, ma il loro massimo, che io apprezzo a tutt'oggi, non era il mio massimo.
Sono sempre stato un bimbo e ragazzino timido, che aveva addirittura paura di dire il suo nome ad alta voce quando si faceva l'appello in classe, addirittura nelle interrogazioni l'agitazione era talmente alta che nonostante sapessi l'argomento non andava mai come io volessi.

L'unica cosa che mi dava stabilità era praticare arti marziali.
Per aiutarmi a socializzare, ad essere più sicuro di me e imparare a contrastare i bulli che spesso trovavo a scuola i miei genitori avevano deciso di iscrivermi ad un corso e così è nata la mia avventura a soli 2 anni e mezzo, iniziando con il praticare Karatè per poi approdare a 6/7 anni al Ju Jitsu.
Lo sport dal punto di vista delle arti marziali mi ha aiutato tanto a sentirmi più sicuro, a capire che ogni volta che si cade bisogna rialzarsi a testa alta perché già il fatto di averci provato ti fa crescere e fare passi in avanti, a capire che per ottenere un grande risultato devi essere disposto a cadere e fallire tante volte. Il motto del mio maestro era sempre "Non si perde mai, o si vince o si impara!".
Sfruttando questa mia passione e talento affinato nel tempo in questa disciplina, il mio tutt'ora maestro Silvano Giampietro Rovigatti mi disse: "tu sei bravo e hai talento, perché non apri un corso nelle tue zone così da diffondere quest'arte marziale e prendere qualche soldino? Cintura nera lo sei, i titoli agonistici e tecnici li hai, perché no?".
Prova ad immaginare a soli 19 anni, ancora in quarta liceo, la possibilità di trasformare una passione in lavoro, ero davvero entusiasta! Nel viaggio di ritorno mille idee mi saltavano in testa,

arrivo a casa riunisco la famiglia e comunico la mia volontà di aprire un corso, non sapevo cosa realmente dovessi fare, ma sapevo che lo volevo! Mio padre si oppose subito, facendomi vedere tutto quello che comportava prendersi una responsabilità del genere, il rischio di lavorare e studiare contemporaneamente era quello di poter perdere l'anno scolastico in quanto il tempo che avrei avuto da dedicare allo studio sarebbe stato poco e se anche ce l'avessi fatta l'anno successivo sarei andato in quinta superiore, l'anno più difficile, affrontare l'esame di stato, e poi tutta la paternale sul fatto che non era un lavoro sicuro, era troppo rischioso e che lui non poteva finanziare per una cosa non sicura, per altro una sbandata solo giovanile dell'idea di essere in proprio. Quella notte mi ricordo come se fosse oggi, piansi così tanto all'idea di non poter realizzare il mio sogno che l'indomani mi sentivo quasi uno zombie. Dentro di me ero combattuto, sapevo che diceva quelle cose per il mio bene, che non voleva che io mi facessi delle illusioni, e che ci restassi male per un sogno non realizzabile. Vedendo che ci soffrivo tanto però una mattina mi propose di parlarne con il Sindaco e dentro di me pensai che allora c'era ancora una speranza.
Andammo a parlare con il sindaco di allora, gli esposi il mio progetto e chiesi degli spazi

all'interno della palestra comunale per poter insegnare la mia disciplina, gli mostrai le mie competenze e i miei titoli e alla fine lui facendomi i complimenti e apprezzamenti sul mio progetto e la mia volontà aggiunse :"Devi sapere che questo è un piccolo paesino, la gente è chiusa, è abituata a fare solo le solite cose, non è aperta alle innovazioni e agli sport nuovi, potrei anche trovarti uno spazio, ma non avrai mai più di 7/8 persone compresi tu e i tuoi familiari". Lo ringraziammo e con il morale sotto i piedi tornammo a casa e come sottofondo la voce di mio padre: "hai visto io te lo avevo già detto, speriamo adesso tu ti sia convinto a lasciar perdere questa follia!".

Io sapevo di essere nella parte della ragione e che potevo farcela, le mie conoscenze erano elevate, pur essendo così giovane, erano ormai tanti anni che praticavo e seguivo i numeri uno del settore, poche persone conoscevano quello che sapevo io, ma non capivo come fare, non avevo ne strategie ne una mentalità pronta a subire tutto quello.

Iniziai a studiare incessantemente su come si gestisce una palestra, su come ce l'avevano fatta altre persone, su che mentalità aveva una persona di successo e quali erano le loro strategie per farcela, ma le cose che dicevano erano troppo vaghe e ogni imprenditore o formatore lasciava solo un concetto bello ma spesso neanche applicabile, ma mi servivano comunque per capire che se avevo un sogno dovevo combattere fino alla fine per realizzarlo. Adesso dovevo capire dove trovare i soldi per comprare il tatami, la materassina sopra la quale si pratica arti marziali, ma soldi non ne avevo e i miei non potevano aiutarmi, la spesa era troppo grande.

Un giorno parlando con il mio maestro mi chiese se avevo deciso di aprire o meno, e con molta umiltà gli dissi che non avevo i soldi per comprare il tatami e come un angelo venuto dal cielo lui mi rispose :" e beh, dov'è il problema? Te lo do io uno, sai che il mio lo sto cambiando con uno nuovo e quello vecchio lo do a te!". Quel giorno il mio cuore si riempì di gioia, adesso dovevo solo convincere i miei genitori, ma soprattutto mio padre. Decisi di parlargli con il cuore e di getto gli dissi: "Io so che lo fai per il mio bene e per proteggermi ma è quello che io voglio fare, quindi basta esserti contro perché così roviniamo solo il nostro rapporto e finirò per odiarti, quindi se mi vuoi bene aiutami a realizzare questo sogno e in cambio io ti darò soddisfazione con la scuola, diplomandomi". Lui vide in me, nei miei occhi e nelle mie parole tanta determinazione, e anche se, come tutta la mia famiglia, era ancora restio decise che forse ne valeva la pena e quantomeno mi avrebbero dato una mano!

Adesso mancava la palestra e quando tornammo dal sindaco entusiasti per confermare la nostra volontà, con rammarico ci disse che lo spazio era stato già fittato da un'altra società sportiva non avendogli dato alcuna certezza. Allora convinto di cosa volevo, riuscimmo a trovare uno stabile, lo fittammo e trascorsi con l'aiuto della mia famiglia un'estate intera per sistemarlo, pulirlo e renderlo accogliente per l'inizio dei corsi previsto per inizio Settembre. Non mi sembrava vero, l'11 settembre 2006 avrei aperto, la prima giornata è stata un successo, tantissima gente a provare, ma la felicità durò ben poco, un collega di mio padre invidioso da far paura, venne a sapere che all'interno dello stabile il proprietario non aveva ancora ultimato un bagno, che per altro si sarebbe concluso una settimana dopo l'inizio dei corsi, dopodiché avremmo avuto tutti i permessi regolari. Questo collega chiamò i Vigili e ci mandò un controllo a sorpresa, che ci avrebbe fatto chiudere subito senza i permessi. Fortunatamente uno di questi vigili fece una soffiata e avvisò mio padre, essendo un amico, di cosa stava per succedere e allora ci rimase solo la possibilità di sgomberare tutto, il lavoro di un'estate passata lì dentro svanito in un paio d'ore, costretti a scappare via come dei ladri. No non ci potevo credere, mi sembrava un brutto sogno, ma era solo la realtà.

Non sapendo dove mettere tutta quella gente che si aspettava di continuare il corso e scervellandomi su come poter fare, quindi focalizzandomi su una SOLUZIONE, ad un tratto le cose iniziarono ad allinearsi nel verso giusto, mio padre riuscì a mettersi in contatto con chi gestiva la palestra comunale e gli comunicò che si erano liberate alcune ore, le prendemmo subito e il venerdì facemmo confluire tutti nella nuova sede. Salvo per un pelo.

Da allora, dopo tanti sacrifici ho capito che per riuscire in qualsiasi cosa che fai devi essere disposto a pagarne il prezzo, a fare cose che pochi farebbero, a studiare mentre gli altri si divertono, a non mangiare mentre gli altri lo fanno perché solo se fai cose che pochi farebbero puoi ambire a migliorare il mondo, ma migliori il mondo solo se migliori prima te stesso.

Oggi grazie a questi sacrifici, e a tutti quelli che ho fatto nelle mie attività commerciali prima di portarle al successo e agli studi che ho fatto, ho capito quali sono le strategie da usare e con quale atteggiamento mentale affrontare ogni sfida.

Insieme a mio fratello, socio e compagno di gare con il quale condividiamo da anni la stessa passione delle arti marziali, sacrifici e successi, abbiamo fondato il G.A.DIURNO che sta per Giuseppe e Alessandro Diurno, la nostra società sportiva è ai vertici nel suo settore e gode dei più alti riconoscimenti, compreso quello del CONI. Ad ora contiamo 6 palestre e altre 2 in apertura tra l'Emilia Romagna e il Veneto, così come ogni anno l'obiettivo è di ampliare il progetto ed espanderci in diverse città. Insieme abbiamo rappresentato l'Italia nel Mondo, siamo diventati Campioni Europei, più volte Campioni d'Italia, Detentori della Coppa Italia e tantissimi altri titoli in campo Nazionale ed Internazionale. Siamo da anni punto di riferimento per Forze dell'Ordine, corsi di difesa femminile, l'arte marziale vista come stile di vita, oltre che come sport psicofisico e insegniamo in tutte le scuole statali e private quest'arte durante le regolari ore di lezione. Tantissimi miei allievi oggi godono di titoli di altissimo livello e tra i più meritevoli oggi fanno parte del Team di Inseganti del G.A.DIURNO.

Da allora grazie a questi errori mi sono avvicinato sempre di più al mondo del Business, dell'imprenditoria e sono rimasto affascinato dal mondo del Network Marketing, e questa volta in questo settore ho voluto coinvolgere con me anche mia moglie Serena, perché penso che lavorare in coppia sia meraviglioso. Sfruttando le strategie imparate negli anni e continuando a studiare e migliorarmi sempre, in meno di 4 anni abbiamo raggiunto la qualifica più alta in azienda generando fatturati enormi con provvigioni altrettanto enormi, percependo percentuali di guadagno dall'intero fatturato aziendale.

Da allora centinaia e centinaia di persone collaborano con noi in tutta Italia attuando le strategie che ci hanno permesso di avere successo in ciò che facciamo, e stanno cambiando la loro vita prendendone in mano finalmente le redini.

Oggi ho aperto un'attività dal nome di Handlyweb, il tuo web a portata di mano, dove aiutiamo, attraverso un nuovo concetto di sito internet ovvero la Landing Page, ad espandere, aiutare a crescere e a decollare il business delle persone o di aziende, ad aumentare la loro immagine e far crescere la loro credibilità e il loro brand, ma soprattutto come poter automatizzare tutto in maniera che il web possa lavorare 24h/24h per loro.

Inoltre ho una società di formazione che ha lo scopo di aiutare a migliorare, crescere ed innalzare il potenziale delle persone per poter far emergere sempre di più i business delle persone o semplicemente come poterne creare uno, pur partendo da zero, anche senza fare nessun tipo d'investimento economico, perché oggi grazie alla nuova tecnologia e strategie di marketing è possibile anche questo.

Ad oggi conto diverse attività commerciali in diversi settori e centinaia di collaboratori in tutta Italia.
Quando conosci le tecniche da applicare, diventa semplice, perché è uno schema provato e posso dire con orgoglio che funziona e che mi ha reso finalmente libero finanziariamente e di poter vivere sempre più sereno, ma soprattutto garantire un futuro migliore e sicuro alla mia famiglia e ai miei figli.

Come puoi aver capito e intuito, non è stato semplice, ma possibile!

CAP.3

IL PROBLEMA

Prova a pensare che nella nostra epoca le informazioni contenute in un solo quotidiano sono la somma delle informazioni che i nostri bis nonni e molti dei nostri nonni imparavano in una vita, gli stimoli a cui siamo sottoposti oggi sono nettamente superiori al passato, non ci basterebbe una vita intera per apprendere tutte le informazioni che vengono postate nei social in un solo giorno, i lavori più richiesti nel 2010 non esistevano già più nel 2014, il primo SMS fu spedito nel dicembre del 1992, oggi il numero dei messaggi spediti in solo giorno supera il numero degli abitanti del pianeta, siamo in un mondo e in un'epoca di grande crescita e cambiamenti.
Sai, le persone alle prime difficoltà mollano perché è più semplice pensare di non essere capaci, o che il mondo si sia accanito contro di loro, che non hanno la giusta istruzione, che la famiglia non li ha sostenuti, che lo stato non li tutela e da garanzie, ma sapete cosa vi dico, sono tutte balle. Il nostro cervello ci porta dove non si fa fatica, ci porta verso la strada più semplice, ma la strada più semplice ti

porta dove sono tutti, e se hai scelto questo libro io voglio che tu possa imparare con le giuste strategie come scegliere la strada giusta, la migliore per te, che non sarà facile, ma possibile se farai come ti dico.
Io voglio che tu possa imparare le mie 10 strategie che mi hanno permesso di diventare una persona di successo, professionalmente e nella vita, ti parlerò di come trovare il tuo obiettivo, ma soprattutto il tuo scopo, imparerai a capire dove ti trovi, dove vuoi andare e perché è possibile fare business, come dominare e direzionare la nostra mente e gestire l'umore, imparerai a pianificare e gestire il tempo, vedremo insieme come la psicologia incide sulla strategia, ti insegnerò la psicologia della vendita, mostrandoti come aiutare le persone a fare shopping da te e non più tu a vendere a loro, come generare e gestire un cliente e superare le obiezioni, come avere un buon Self Marketing ovvero come vendere al meglio la tua immagine e professionalità, l'importanza nel decidere di fare qualcosa e la conseguenza nel non farlo, questo ti cambierà la vita, come superare i propri limiti e iniziare ad agire, smettendo di procrastinare e raggiungendo così finalmente la tua libertà finanziaria.
Il successo come l'insuccesso non arriva dall'oggi al domani, sono la somma di azioni straordinarie

fatte giorno dopo giorno, mese dopo mese, anno dopo anno, concatenate una all'altra, solo così si costruisce il successo.

Ovviamente devo anche dirti che queste cose non sono semplici da fare, e se le farai inizierà una trasformazione in te, avrai una luce diversa, ma chi ti sarà vicino potrebbe essere che non ti capisca, che ti remi contro, proprio com'è accaduto a me. La strada del successo è una strada ricca di sacrifici, non si può pensare di avere successo senza pagarne il prezzo, se sarai libero finanziariamente avrai delle responsabilità e devi essere pronto a gestirle, vedrai cose che altri non vedono, gli altri non ti riconosceranno, ti capiterà di cadere, di fallire, di pensare che tu non possa farcela, piangerai, ma stai tranquillo, io ci sono già passato e insieme, passo dopo passo usciremo da questa situazione e se applicherai tutte le strategie che ti spiegherò in dettaglio e farai gli esercizi man mano che leggerai il libro tutto sarà più semplice e indolore possibile. Pensa solo a come potrai sentirti quando tutti ti riconosceranno come una persona credibile, capace di fare quello che dice, i sacrifici saranno ripagati, non solo economicamente ma ti sentirai appagato come persona, svilupperai una sicurezza maggiore e le persone vorranno stare insieme a te, perché sei un professionista riconosciuto, la gente vuole stare insieme a persone che sanno quello che fanno ma soprattutto che fanno quello che dicono.

Se vuoi cambiare i frutti, ovvero i risultati,
devi cambiare le radici, ovvero le abitudini.
Il nostro mondo interiore crea
il nostro mondo esteriore.

CAP.4

1° STRATEGIA
TROVA IL TUO OBIETTIVO
E IL TUO SCOPO

Sai, devi sapere che non esiste persona di successo che non abbia un motivo per cui doverlo diventare, ma ti dirò di più, alcuni hanno raggiunto popolarità e ricchezza in conseguenza del fatto che per loro era troppo importante realizzare quell'obiettivo.
Ti chiedo di tornare con la mente a quando eri un bimbo, a quando sognavi di diventare magari un astronauta, un pilota, uno scienziato a quando crescendo iniziavi a desiderare di avere una bella vita, una bella villa, una macchina di lusso, una splendida famiglia che potesse vivere in maniera agiata, insomma a tutte quelle cose che passando con gli anni hai cercato di dimenticare, che hai chiuso nel cassetto più remoto della tua mente e hai deciso di buttare via anche la chiave. Pensa, rifletti sul dove hai buttato quella chiave e riprendila, cerca dove hai messo quel cassetto nella tua mente, spolveralo, probabilmente tossirai e la polvere ti sarà entrata negli occhi e nella gola,

tranquillo, apri quel cassetto e guarda all'interno, cosa vedi? Quali sono i tuoi sogni, qual è la persona che volevi essere e perché oggi non lo sei o non lo sei in pieno, colpa della società forse? O è colpa della famiglia? Forse dello Stato? Degli studi che hai fatto? Mancanza di soldi? Mancanza di tempo? Fidati, non è colpa di nessuno, ti sei solo rassegnato perché avevi visto che bisognava soffrire troppo per realizzarli e ti mancavano le strategie giuste, adesso stai tranquillo, le strategie per riuscire te le do io, tu però almeno devi metterci i tuoi sogni e la determinazione nel volerli realizzare. Scegline almeno 3, uno che vorresti realizzare da qui a 6 mesi, uno che realizzerai tra 1anno o 1 anno e mezzo e il terzo da qui a 3 anni. Nel momento storico in cui ci troviamo e con la continua evoluzione delle nuove tecnologie, le proiezioni troppo futuristiche non sarebbero sicure, per questo ci concentreremo in periodi di tempo abbastanza ravvicinati sui quali possiamo avere un controllo maggiore che non parlare di 15/20 anni, sarebbe surreale e man mano che li raggiungeremo ce ne fisseremo sempre dei nuovi. La vita è bella, ma dobbiamo sempre avere quel qualcosa di frizzante che ci dia la voglia di fare, come un obiettivo, che sia sempre legato ad uno scopo però.

Lo so potrà sembrarti strano quello che ti faccio fare, ma so quello che dico, tu fallo e i risultati te li garantisco.

Adesso pensa per ognuno dei tuoi obiettivi quattro cose importantissime, è fondamentale conoscerli per poterli realizzare e concretizzare :

1° -CHIAREZZA di quello che vuoi, l'immagine nella tua mente dev'essere nitida e non sfocata, devi riuscire a visualizzare solo quell'obiettivo, solo ciò che vuoi e conoscerne ogni minimo dettaglio. Potrebbe essere la macchina, la casa, un viaggio, uno stipendio più corposo, un'ottima scuola per i tuoi figli, vivere una vita agiata, ma allo stesso tempo, una macchina più sicura per te e la tua famiglia, pagare tutte le spese che hai e smettere di arrivare a metà mese che hai già finito lo stipendio, poter permettere la miglior istruzione ai tuoi figli, evitare che la banca si riprenda la casa, fare del volontariato, l'importante che sia solo un obiettivo alla volta sul quale ti concentrerai, così da poterti focalizzare bene. Lo so forse vorresti tutte quelle cose, ma dai tempo al tempo, capiamo insieme come sia possibile realizzarne uno, poi gli altri arrivano, tranquillo li realizzeremo tutti.

Ora sei al primo obiettivo, mi raccomando, visto che dobbiamo realizzarlo in 6 mesi fai in modo che sia qualcosa di concreto, cosa voglio dire, non puoi pretendere di diventare milionario in 6 mesi, ok?

Adesso guardalo, ascoltalo, toccalo, vivilo nella tua mente, che sensazione ti dà? Come ti fa sentire? Hai i brividi vero? E' una sensazione meravigliosa!
Fa che questo sia il tuo pensiero costante dalla mattina alla sera in maniera assidua senza mai togliere il focus, mai.

2° -Devi conoscere il suo PREZZO reale (euro). Se hai scelto ad esempio che vorresti un'auto nuova, oltre a conoscere quale modello vuoi, il colore, gli interni, gli optional ed averla provata devi sapere il suo valore d'acquisto, che tu la voglia nuova o usata. Questo perché devi sapere quanto denaro devi generare per averla, immagina che la macchina costi 30.000 euro e la finanzi per 5 anni, ovvero 60 rate devi sapere che devi guadagnare almeno intorno i 500€ al mese e ti focalizzerai su quelli e non sull'intera cifra.

3° -Devi sapere ENTRO QUANTO TEMPO lo vuoi. Un obiettivo non è tale se non ha una data di scadenza, hai deciso di voler realizzare quell'obiettivo, allora fai il tuo calcolo dei 6 mesi e scegli la data precisa in cui entrerai in concessionaria per acquistarla, segnalo subito nella tua agenda, ricorda non importa che sia nuova, importa che sia quella che vuoi.

4° -Devi sapere cosa fare, ma anche essere disposto a fare SACRIFICI per ottenerlo, forse a lavorare mentre gli altri si riposano, a non mangiare mentre gli altri lo fanno, a non dormire mentre gli altri sono già a letto, a studiare mentre gli altri guardano la tv, a fare degli straordinari, e solo se sei disposto a pagarne il prezzo otterrai i risultati che vuoi. Farai questo esercizio per tutti e tre gli obiettivi che vuoi ottenere e che prima hai deciso, ricordi uno a 6 mesi, uno che realizzerai tra 1 anno o 1 anno e mezzo e il terzo da qui a 3 anni.

E' importante che l'obiettivo possa essere affiancato da uno scopo, cioè il perché realmente lo vuoi ottenere. Se prendiamo sempre l'esempio della macchina, il volerla è l'obiettivo ma lo scopo è il vero motivo di questo desiderio, cosa ti suscita dentro quando pensi a quella cosa, quali corde emozionali tocca, forse l'idea di averla ti da pace, ti fa sentire sicuro e realizzato, ti da l'idea di protezione per te e la tua famiglia, scopri il tuo perché e legalo saldamente al tuo obiettivo. Noi viviamo di emozioni, ci nutriamo di emozioni, sono la nostra benzina, trova quali sono le sensazioni che ti danno i tuoi obiettivi, e combatti per poterle provare non solo quando chiudi gli occhi, ma anche quando li apri e li vivi realmente.

Lo scopo di Steve Jobs era di cambiare il mondo e l'ha fatto creando il miglior computer che esiste con tutti i suoi prodotti, lo scopo di Edison era quello di portare la luce con un'innovazione mondiale, e ha creato la lampadina, Nelson Mandela aveva lo scopo di combattere il razzismo, la discriminazione e la repressione dell'umanità, Ghandi aveva come scopo l'indipendenza indiana attraverso la non violenza, Madre Teresa di Calcutta aveva lo scopo di combattere l'emarginazione sociale restituendo la dignità a quelle persone.

Capisci cosa voglio dirti, tu non devi cambiare il mondo ma se hai uno scopo vero, un perché farlo, avrai la fortuna di poterti migliorare, crescere e diventare quella persona che desideravi tanto essere da bambino, perché il vero progresso non sarà l'obiettivo che raggiungerai, ma sarai tu, sarà la persona che sarai diventata grazie al percorso che avrai fatto e ricorda di goderti il viaggio che farai nella realizzazione dei tuoi obiettivi, perché sarà meraviglioso.

Scrivi nello spazio indicato i tuoi tre obiettivi, fidati di me. Esprimiti, sentiti libero di scrivere ciò che vuoi, stai attento a seguire i quattro criteri che ti ho spiegato prima per ognuno dei tuoi obiettivi, indentifica ciò che ti appaga di più. Tranquillo, nel libro ti spiegherò passo dopo passo come realizzarli.

1° Obiettivo da realizzare da qui a 6 mesi:

_____

_____

2° Obiettivo da realizzare da qui a 1 anno o 1 anno e mezzo:

_____

_____

3° Obiettivo da realizzare da qui a 3 anni:

_____

_____

SCOPO, segna qui il perché di ogni tuo obiettivo:

1°_____

_____

2°_____

_____

3°_____

_____

CAP.5

2° STRATEGIA
DOVE TI TROVI, DOVE VUOI ANDARE E PERCHE' E' POSSIBILE FARE BUSINESS

Non so se ti sei accorto che il mondo è cambiato, oggi tutto è diverso, la tecnologia ha fatto passi da gigante, prova solo a pensare che con internet abbiamo accesso a qualsiasi informazione noi vogliamo, possiamo raggiungere una località semplicemente impostando il navigatore che ci indirizza dove vogliamo, possiamo incontrare i nostri collaboratori collegandoci semplicemente con Skype, dove possiamo formarli e monitorarli, in tempo reale possiamo vedere cosa sta succedendo dall'altra parte del mondo. Basta chiedere qualcosa al nostro Smartphone, senza neanche scrivere, solo chiederglielo, e lui ci risponde e ce lo trova, se non trovi la strada di casa basta dirgli: "portami a casa" e lui lo fa, dandoci tutte le indicazioni. Se vai in banca a versare e prelevare usi il bancomat intelligente che ti fa il servizio completo, non vai più dal cassiere, la

stessa cosa vale se hai bisogno di fare un biglietto dell'autobus, tram o metro. Fai tutti i tuoi pagamenti da casa, attraverso la banca on line, prenoti la tua vacanza da internet non più in agenzia, acquistiamo ormai tutto on-line e la merce arriva comodamente a casa senza uscire, facendoci risparmiare tempo e denaro.
Il mondo è cambiato te ne sei reso conto o no?
Ti dico questo perché io tutti i giorni sono a contatto con centinaia di persone e mi accorgo che molti sono ancora convinti che se studieranno e faranno l'università un posto fisso li aspetterà, ma non è così, quell'epoca è già passata. Io sono a favore della scuola, è necessario andarci ed imparare, ma dobbiamo anche essere realisti, se oggi vuoi lavorare e vuoi vivere bene devi specializzarti su cose che in nessuna scuola puoi imparare, devi andare dai numeri uno del settore che più ti interessa e leggere i loro libri, andare alle loro conferenze, parlare con i loro collaboratori, capire come quella persona che ce l'ha fatta pensa e agisce.
Siamo passati dall'Era industriale, del dopo guerra dove c'era bisogno di tanta mano d'opera perché c'era un paese da riscostruire, ad oggi che siamo approdati nell'Era dell'informazione, tutto alla portata di un semplice click, se vuoi avere un lavoro sicuro è quello che ti generi da solo, non va

più bene lavorare per un certo numero di ore e portare a casa lo stipendio che sicuramente è sproporzionato all'impegno che hai messo o al vero valore del tuo tempo, perché significa essere sfruttati dai datori di lavoro. Certo lo stipendio a fine mese è importante altrimenti non mangiamo, ma se non è quello che vogliamo, se sentiamo di valere di più di pochi euro all'ora, dobbiamo iniziare a guardarci intorno, a capire come generare denaro con le nostre abilità o capire quali bisogna sviluppare. Il mondo è diviso tra chi vende e chi acquista, e se sei quello che ha deciso solo di acquistare sei in balìa di chi vende, rischi così di finire lo stipendio ancor prima che il mese finisca e non è giusto, ma il mondo è ingiusto.

Per avere quello che non hai mai avuto, devi essere disposto a fare cose che non hai mai fatto.

Esci dalla tua zona di comfort, quella zona dove ti senti sicuro, che comprende le tue abitudini, tutto ciò che fai tutti i giorni ormai da anni in automatico, la solita routine, che ti sta portando ad ottenere quello che hai oggi. L'idea del lavoro sicuro, dello stipendio fisso, quelle idee radicate nella mentalità dei nostri padri e nonni che ci hanno tramandato e che a tutt'oggi non valgono più, ma si fa fatica ad accettare. La società una

volta si basava su tre grandi sicurezze: un lavoro sicuro, una casa di proprietà e una famiglia. Purtroppo queste certezze ora sono scomparse, in quanto trovare un lavoro a stipendio fisso è impensabile, comprare una casa è difficilissimo perché se non hai un lavoro stabile e ben retribuito le banche non ti concedono il mutuo, e la famiglia può saltare in qualsiasi momento, anche solo per un litigio. Quel mondo non ti appartiene, tu vuoi di più, vai fuori dalla tua zona di comfort, è li la vera stabilità e sicurezza!
Uscire da quella zona fa paura, perché non sai quello che troverai, chi ha inventato il detto "Chi lascia la strada vecchia per quella nuova, sa quello che lascia e non sa quello che trova", era solo un codardo. E' importante avere paura, la paura fa parte dell'essere umano, solo un pazzo e incosciente non ha paura, ma questa va sconfitta con il coraggio.

"Un giorno la Paura bussò alla porta, il Coraggio andò ad aprire e non vide nessuno". Goete

Solo se rischi le cose possono cambiare e ci si evolve!
Molte persone hanno lasciato il cervello nel passato, il corpo nel presente, mentre il mondo pensa al futuro, se sei in questa condizione e vuoi

uscirne, allora allinea subito mente e corpo, reagisci, è il momento di farlo! Adesso è il momento migliore per emergere!
Negli anni '70 Adriano Celentano cantava "Svalutation", questa canzone parla della crisi, della lira che perde valore, che i governi cambiano ma la situazione economica rimane la stessa, che il petrolio sale, e si chiede anche però come sia possibile che i ristoranti siano sempre pieni, che per andare in vacanza si trovi con difficoltà un posto, tutto pieno, capisci cosa voglio dirti? La crisi ci sarà sempre per chi vorrà vederla ed è solo un'invenzione per lasciare le persone nella paura, e quanto più abbiamo timore quanto più possono controllarci. Invece le persone che hanno deciso di andare avanti per la propria strada utilizzano qualsiasi periodo storico a loro vantaggio. Ecco, iniziamo a focalizzarci sul come portare il nostro focus, la nostra attenzione, non più sul problema, ma solo sulla Soluzione.
Sei in una condizione economica che non ti piace? Oppure la tua azienda non funziona come vorresti? Non riesci ad emergere? Analizza la tua condizione economica in cui ti trovi e adesso vedremo insieme come risolverla, ma è importante capire da dove dobbiamo partire.
Intanto sii consapevole che sta arrivando il tuo momento, il momento giusto per te è Oggi.

Traccia una linea nella tua mente ed evidenzia dove sei e dove vuoi arrivare, se hai fatto bene l'esercizio del capitolo precedente e sai cosa vuoi da qui a 6 mesi, 1 anno/1 anno e mezzo e a 3 anni sarà molto semplice fare anche quest'esercizio: inizia a pensare com'è la persona che vuoi diventare, a vestire come si veste quella persona, a parlare come quella persona, porta la tua mente ad immedesimarsi in lui/lei perché se lo farai il tuo corpo avrà l'esigenza di riunirsi con la tua mente e sarà solo una conseguenza il fatto di fare delle azioni affinché questo accada, perché la tua mente sa cosa vuoi. Traccia la linea e inizia la tua trasformazione.

Chi sono:

_____

_____

_____

_____

Chi voglio diventare:

_____

_____

_____

_____

_____

Perché sostengo che sia possibile proprio oggi fare business ??
Perché oggi se abbiamo capito che tecnologia esiste e quali mezzi di comunicazione abbiamo a disposizione avrai capito che possiamo concorrere alla pari di aziende importantissime e multinazionali in maniera praticamente gratis o quasi.
Una volta per farsi notare e far crescere il proprio Brand e i propri prodotti bisognava rivolgersi alle televisioni, giornali, radio, oggi mezzi solo per pochi eletti, perché bisogna investire tanti soldi per pochi secondi di spot pubblicitari, ma oggi questi mezzi sono stati superati, basta avere un proprio sito internet, utilizzare i social network e possiamo veicolare le nostre informazioni o i

nostri prodotti in maniera immediata, possiamo avere un canale gratis nella tv più vista al mondo, YouTube, dove spieghiamo chi siamo e cosa facciamo, possiamo avere il nostro negozio, senza pagare le utenze e l'affitto, inserendo un semplice e-commerce nel nostro sito, con la nuova tecnologia a disposizione possiamo posizionarci e avere la stessa visibilità di grandi aziende, anche se siamo appena nati. Ma ci pensi?? Da solo puoi competere alla pari con multinazionali, questa è la vera evoluzione, ma ancora pochi lo sanno e se ne rendono conto, per questo devi posizionarti quanto prima, perché prima o poi la gente si sveglierà e quando lo farà tu sarai già lassù con il tuo business posizionato, remunerato bene e soddisfatto della tua vita e di chi sei diventato.

Oggi esistono diversi settori nei quali puoi investire tempo e denaro perché sono momenti molto floridi, ad esempio sulla salute e il benessere psicofisico, sul business e la crescita di carriera, sull'importanza di fare un network marketing, nello sport, nel poter insegnare a qualcuno come fare qualcosa in cui sai di eccellere, come vedi sono diversi i settori dove puoi direzionare la tua mente ed emergere dalla massa.

Vorrei soffermarmi solo su una cosa per me molto importante, oggi se hai capito bene è possibile davvero fare business in diversi settori, ma a volte non si hanno i soldi per farlo e a questo proposito dovete stare tranquilli, esistono le aziende di Network Marketing. Sono le migliori aziende con le quali si possa collaborare e pensare di far carriera e generare denaro sin da subito senza fare investimenti. Nel libro Scuola di Business, Robert Kiyosaki lo definisce il business perfetto. Queste aziende sono nate negli anni '40 in America con l'esigenza di un imprenditore che voleva veicolare i propri prodotti direttamente al cliente finale senza passare per il grossista, il trasportatore, i magazzini, i negozi e spendere molto denaro per una forte pubblicità che inducesse le persone a diventare probabili clienti, troppo rischioso. Anche tutti gli imprenditori attuali si stanno rendendo conto che questo sistema tradizionale ormai non funziona più così bene, allora ha avuto un'idea strepitosa, ovvero quella di eliminare tutti questi passaggi e creare un team, una rete vendita di persone che si appassionasse e amasse il suo prodotto, che gli piacesse il sistema di marketing e di retribuzione, che ci credesse e lo veicolasse attraverso il passaparola, che sappiamo essere il sistema più sicuro e potente del mondo. Così facendo l'azienda riusciva solo a concentrarsi nel creare prodotti eccellenti, il cliente avrebbe avuto una consulenza e assistenza personalizzata ed individuale, riuscendo così a riconoscere l'altissima qualità, e il consulente o venditore la sicurezza di lavorare per un'azienda seria con tutti i riconoscimenti, veicolando un prodotto eccezionale e avendo un fortissimo guadagno sulla compravendita, sul fatturato della rete generato, fino ad arrivare a percepire guadagni sull'intero fatturato aziendale in base alle qualifiche raggiunte.

Oggi le aziende che lavorano con questo sistema hanno introiti di miliardi di dollari, milioni di collaboratori soddisfatti, alcune di queste lavorano solo sulla vendita diretta, altre invece si sono focalizzate sia sulla vendita diretta che sulla generazione di una vera e propria rete commerciale per ampliare i loro fatturati, in maniera meritocratica, da parte dei consulenti stessi. Ciò non toglie però che una persona che entra a far parte della tua rete e si dà da fare più di te, potrà guadagnerà più di te, perché tutti godono dello stesso sistema di marketing. Fare Network è legale ed è il miglior modo oggi per fare business e invito anche chi già fa business ad entrare a far parte di questo mondo perché potete conoscere una prospettiva diversa.

Non si può pensare in questo periodo storico di non avere un business con un network marketing per avere una stabilità finanziaria sempre maggiore.

Importante inoltre è frequentare ambienti ed eventi che hanno una visuale concentrata solo sulla riuscita, questo ti farà sicuramente crescere come persona. Ricorda noi siamo la media delle cinque persone che frequentiamo più spesso, se vuoi ambire a qualcosa di grande, devi iniziare a frequentare ambienti e persone di spessore.
Con un buon network marketing puoi crearti un reddito aggiuntivo, avere più tempo libero perché puoi decidere come e quando lavorare, puoi generare royalties, non hai limiti né di zona e né di guadagno, nessun investimento (attenzione è illegale in Italia far parte di un network dove ti chiedono soldi per entrare), non ci sono capi, invece esiste un forte lavoro di squadra dove persone che hanno già ottenuto risultati ti spiegano come fare al meglio l'attività e far raggiungere anche a te dei risultati concreti. Ricorda che tutte le aziende pagano sui fatturati e le provvigioni sono rapportate al fatturato che produci tu da solo o con la tua rete, quindi tutti avranno l'interesse ad aiutarti e a farti crescere e formarti, avrai sempre una guida su cui contare.
Indipendentemente da quale lavoro tu stia facendo ricordati che deve avere due cose per poter essere interessante e che ne valga la pena farlo, la prima è che garantisca provvigioni, così da poter avere un guadagno per ogni sforzo che tu faccia in più, e la

seconda è che possa generare subito o in un futuro delle royalties, ovvero guadagni costanti nel tempo per un lavoro fatto in precedenza, tipo quella che i nostri padri o nonni chiamavano pensione, solo che loro hanno lavorato per oltre 40 anni prima di ottenerla, per poi percepire quello stesso stipendio anche quando hanno smesso di lavorare, noi possiamo generare questi introiti solo dopo qualche anno di lavoro.

Proprio con questo concetto il Network Marketing si sposa alla grande, volevo anche precisare che le persone che non parlano bene di questo sistema è solo per ignoranza e disinformazione, basti pensare che oltre il 70% dei multimilionari in America tra donne e uomini nascono da questo sistema, imprenditori del calibro di Bill Gates, Donald Trump, Warren Buffet, autori come Robert Kiyosaki, autore di Best Seller come *Scuola di Business* dove spiega proprio il perché le aziende di network marketing hanno più successo di quelle tradizionali, *Padre ricco padre povero*, e tanti altri personaggi sostengono questo sistema.

In Italia esiste un'associazione di categoria che tutela i consumatori e distributori sia nelle vendite dirette che nel network marketing che si chiama AVEDISCO "Associazione vendite dirette servizio consumatori" che dal 1969 rappresenta le più importanti realtà industriali e commerciali, italiane ed estere, che utilizzano la vendita diretta a domicilio per la distribuzione dei loro prodotti/servizi, e questa regola i riconoscimenti anche in base alla legge 173/2005 del Codice Civile. Stai attento a quelle aziende che non hanno questo riconoscimento perché è il principale metro di giudizio per valutare la serietà di un'azienda.

Ti ho detto tutto questo perché io stesso collaboro con un'azienda di network marketing con molta dedizione, e ho avuto la possibilità di constatare con i miei occhi, di ascoltare con le mie orecchie e di toccare con mano tutto quello di cui ti ho parlato fino ad ora e inoltre ho raggiunto con impegno, determinazione e costanza la qualifica più alta in Italia nella stessa azienda percependo addirittura utili dall'intero fatturato aziendale, provvigioni enormi generate oggi in royalties che arrivano tutti i mesi sul mio conto senza aver fatto nessun investimento iniziale.

Certo che in qualsiasi settore tu voglia realizzarti devi avere l'umiltà di dover imparare, sempre, di studiare tanto, eccellere ed applicare tutto quello che sai. Nessuna cosa è semplice da realizzare, ma con un forte obiettivo e scopo che ti guida tutto è possibile.

"Tutte le persone che non hanno un business on-line e non sono sui social network in un prossimo, molto ravvicinato futuro, rimarranno fuori da qualsiasi realtà commerciale". Bill Gates

Oggi è importante capire e iniziare da subito a fare i primi cambiamenti per il nostro business di successo.

CAP.6

3° STRATEGIA
COME DOMINARE E DIREZIONARE LA NOSTRA MENTE E GESTIRE L'UMORE

Il nostro cervello può essere usato in due modi ben precisi, o gli fai fare quello che vuole, o te ne impadronisci e lo fai lavorare per te 24/24 h.
Questo è possibile perché in realtà il nostro cervello non dorme mai, e se impari a dominarlo, ad allenarlo a farlo rispondere ai tuoi comandi il gioco sarà fatto. Proprio così, come se dovessi allenare qualsiasi altro muscolo del tuo corpo, con la stessa intensità e con gli stessi sacrifici, il tuo cervello deve andare in palestra.
Il cervello può essere direzionato dove vogliamo, non distingue la realtà dalla fantasia, ti faccio un esempio: se adesso provi a chiudere gli occhi e ad immaginare di prendere in mano un limone, bello giallo, uno di quelli siciliani, ricchi di succo, immagina di tagliarlo a metà, ecco già intravedi il succo che esce, lo prendi in mano, lo guardi e poi gli dai un morso proprio li nella polpa ricca di succo, anche se quello che abbiamo fatto era solo

frutto della nostra immaginazione, probabilmente hai avuto come me mentre lo scrivevo, una produzione di saliva maggiore, hai deglutito e forse hai anche avuto un brivido, ecco cosa intendo per poterlo direzionare! Nonostante tu stessi solo leggendo hai vissuto delle sensazioni con il tuo corpo, bene, devi iniziare a focalizzare il tuo obiettivo e a provare le sensazioni che avresti quando riuscirai a realizzarlo e a concretizzarlo. Stai con me, seguimi.

> *"Sia che tu pensi di farcela o di non farcela alla fine avrai comunque ragione". Henry Ford*

Una volta focalizzato l'obiettivo, da adesso in poi direzionerai il tuo cervello verso di lui, inizia a capire che il cervello deve lavorare per te, e questo puoi farlo solo con dei comandi ben precisi, con le domande giuste.
La qualità della vita di una persona è determinata dalla QUALITA' DELLE DOMANDE che si pone. Voglio farti capire bene, se sei sovrappeso e vuoi dimagrire e al tuo cervello chiedi solo <u>il perché</u> sei sovrappeso o il perché questa situazione è capitata proprio a te, lui ti darà delle risposte ben precise sul perché sei arrivato fino lì, perché ad esempio mangi troppo, perché mangi fuori dai pasti, perché non fai sport, perché sei sempre sul divano, perché

in questa vita è toccato a te, ma questo è sbagliato, perché la domanda che abbiamo posto al nostro cervello era distruttiva e non costruttiva, seguimi con quello che voglio farti capire.

Al nostro cervello vanno fatte domande di qualità, domande che portino a risvegliare la creatività che ha la nostra mente, ad esempio: come posso dimagrire? Come posso migliorare il mio aspetto? Come posso avere un corpo che amo? E lui inizierà a risponderti dandoti soluzioni, perché avrai risvegliato la tua capacità di trovare soluzioni, ti dirà ad esempio che puoi mangiare meno, iscriverti in palestra, evitare cioccolata, diminuire gli zuccheri, mangiare cose sane, smetterla con merendine e bibite gassate ricche di coloranti e zuccheri, mangiare più frutta e verdura, ecco il cervello ti dà soluzioni, ma devi sapergliele chiedere. E' come avere un computer, lui ti risponde se gli fai domande precise, in maniera chiara e puntuale, quindi da oggi i comandi al nostro server interno, ovvero il nostro cervello dovranno essere perfetti.

Adesso che stai iniziando a capire sempre meglio, focalizzati nel fare domande di qualità al tuo cervello e cerca solo soluzioni. Voglio raccontarti una storia vera:

Siamo al tempo di Hitler, Auschwitz, un ebreo deportato che è sopravvissuto racconta che quando era lì tutte le persone non potevano fare a meno di chiedersi il perché fosse successo a loro, costretti a subire quelle ingiustizie, si chiedevano quando sarebbe stata la loro ora, si ripetevano di non voler morire, lui non era d'accordo con quel modo di pensare, tutti si concentravano solo sul problema e sapevano che non esisteva via di scampo perché esisteva solo un'entrata e se entravi e rivarcavi quella porta per uscire era solo perché eri morto. Ma lui si ostinava a farsi una domanda ben precisa, come posso uscire da qui, vivo? Io voglio vivere, come posso uscire da qui? Si poneva domande di qualità che potessero stimolare la sua mente a trovare soluzioni. Continua a ripetersi sempre questa domanda per mesi finché un giorno il suo cervello che aveva iniziato a lavorare per lui e a cercare una risposta, gliela dà, vide un enorme ammasso di gente nuda appena uccisa, lui non ci pensa due volte, si spoglia corre e si getta in mezzo a quei corpi e fa finta di essere morto. Viene caricato sui camion insieme a tutti quei morti, esce dal campo di concentramento e viene buttato nelle fossi comuni, lui racconta che il peso di quei cadaveri era tale che si sentiva così tanto schiacciare che non riusciva a respirare e il fetore dei corpi in decomposizione lo distruggeva, ma nonostante tutto, non si poteva muovere perché le sentinelle di guardia alle fosse comuni lo

avrebbero visto e ucciso, lui però si ripeteva che voleva vivere. Calata la notte le sentinelle andarono via, racconta di aver utilizzato i corpi quasi come scala per poter uscire da quella fossa e uscito ha iniziato a correre così veloce che gli mancava il fiato, si sentiva il cuore in gola e non aveva più forze in corpo, ad un tratto vide una casa con degli abiti stesi ad asciugare, rubò dei vestiti e continuò a correre fino al primo paese. Si era salvato.
Con questo voglio farti capire che hai a disposizione l'arma più potente del mondo, il tuo cervello, ma devi iniziare ad educarlo per farti dare e realizzare le cose che vuoi.
Lo stesso vale per uno sportivo professionista, non si chiede come andrà la sua gara e che forse ha la possibilità di perdere, no, si focalizza solo sul suo obiettivo, e si ripete che sarà lui a vincere.
Ti è mai capitato di portare l'attenzione su un qualcosa che ti piace veramente, ad esempio un modello di una macchina, non lo avevi mai visto in giro prima, ma dal momento che lo noti e ti piace, ovunque tu vada vedi quella macchina, vai a fare la spesa ed è parcheggiata di fianco alla tua, vai a mangiare fuori e la incroci, e ti chiedi come sia possibile, tutti adesso l'hanno comprata! Invece no, c'è sempre stata, solo che non la vedevi perché la tua attenzione non era su quella macchina, ma dal

momento che il tuo cervello registra che a te piace e ti suscita emozioni, te la fa vedere ovunque questa sia. Questo fattore in psicologia si chiama S.A.R. sistema di attivazione reticolare, ovvero ci rende più attenti a ciò che ci piace.
Mai lasciare spazio alla negatività di uccidere la tua creatività, sii tu a dominare la tua mente. Se hai capito che dipende tutto da come pensi e da cosa ti chiedi questo ti cambierà la vita.
Noi siamo il frutto di come pensiamo, come parliamo e di come agiamo. Sii sempre coerente con te stesso.
Se inizierai ad essere padrone pian piano della tua mente, influenzandola positivamente con le domande giuste, nello stesso modo potrai controllare anche il tuo umore.
L'umore è la principale causa degli alti e bassi nelle attività commerciali, ma anche nella vita privata, non è giusto che un semplice sentimento governi la tua vita, no.
TU puoi controllarlo governando la tua mente, gestendo il tuo dialogo interno, quella vocina dentro di te. Spesso però si tende ad amplificare ciò che è negativo, come quando non riesci in qualcosa di solito tendi a dire "non ce la farò mai" e dicendo quella frase il tuo cervello registra quello, anche se lo dici con il sorriso la mente lo memorizza lo stesso, non ha filtri. Così come si

tende a normalizzare quello che si fa di positivo, ovvero se sei stato bravo in qualcosa magari dici "era il mio dovere". Da oggi devi iniziare a fare l'esatto opposto, amplificherai dentro di te tutto ciò che farai in maniera positiva, dicendoti di essere straordinario per ogni cosa che fai e generalizzerai le cose negative, dicendoti che può capitare, adesso lo rifaccio e andrà sicuramente meglio. Stai con persone positive, evita le persone che si lamentano dalla mattina alla sera, frequenta posti positivi, convegni, guarda video motivazionali, leggi libri di crescita personale o di strategie per diventare finalmente liberi finanziariamente e appagati nella vita, addormentati pensando solo alle cose belle che sono successe, che siano almeno tre ogni sera e di quelle brutte prendi solo la parte positiva, ricordati sempre che un vincente o una persona di successo non si misura da quante volte cade o fallisce, ma da quante volte ha avuto la forza di rialzarsi e combattere per i suoi ideali, per il suo obiettivo e il suo scopo.

Fai in modo di vivere la vita come la desideri, non vivere la vita di un altro, sei vuoi il massimo dai il massimo.

Guida la tua vita, non essere un semplice passeggero.

CAP.7

4° STRATEGIA
LA PIANIFICAZIONE
E GESTIONE DEL TEMPO
E COME LA PSICOLOGIA INCIDE
SULLA STRATEGIA

Che tu sia un libero professionista o un imprenditore, ti sarai accorto che se viene a mancare una buona pianificazione si rischia di perdere solo tempo, e per un professionista o un'azienda perdere tempo equivale a perdita di denaro e questo non va bene, sarebbe troppo rischioso.
Se sei un dipendente invece ti sarai accorto che qualcun'altro ha pianificato il tuo tempo, sai a che ora andare al lavoro, a che ora finisci, cosa devi fare, quando andare in ferie, quanto guadagnare, senza che tu te ne sia reso conto ti hanno programmato secondo le loro esigente.
Uno dei più grandi problemi che oggi un professionista ha è proprio quello della gestione del tempo, perché spesso si accumulano tante cose da fare e non ha il tempo di farle tutte, proprio

perché non avendole pianificate per tempo, ma andando a braccio, alla giornata, dopo un breve periodo così entra in stress, e in questo stato mentale spesso ci si accorge di essere sempre impegnati dalla mattina alla sera, ma i risultati nonostante l'impegno stentano ad arrivare. Spesso il risultato è poco tempo e tanto stress, ma la soluzione esiste, intanto capendo che in queste condizioni non si può lavorare, e la mancanza di programmazione, pianificazione, usando solo l'istinto ed essere senza obiettivi ben precisi è mortale per un business. È importantissimo che oltre a pianificarti e a registrare tutti gli appuntamenti in agenda, stimare anche quanto tempo devi investire per farlo, ovvero il viaggio se lo devi affrontare, gli imprevisti, la riunione, devi conoscere tutto per capire come poter programmare un appuntamento successivo. Se non fai questa fondamentale attenzione ai dettagli rischi di fare come fanno tante persone, tanti professionisti, riempirsi la giornata, ogni spazio libero in agenda ed entrando così in stress perché sarà impossibile portare tutto a termine. Devi diventare bravo a passare da una mentalità incentrata alla quantità di appuntamenti, ad una basata sulla qualità degli appuntamenti o delle azioni che decidi di fare, per segnare il centro del tuo bersaglio e per avere quella sensazione a fine

giornata di aver dato valore alle persone, valore a te stesso e per poterti permettere anche una vita privata, di cui tutti noi ne abbiamo bisogno. Devi diventare il manager del tuo tempo, quindi prima valuti il progetto, lo stimi, lo quantifichi in tempo da utilizzare, lo programmi e ottieni il risultato. Spesso si dice che il tempo non basta mai, ma ti assicuro che se avessi a disposizione altre ore, senza una vera programmazione ti ritroveresti a riempire anche quelle e a continuare a non avere tempo per le cose a te più care, come stare di più con i tuoi figli, con tua moglie o marito, con i tuoi amici, fare vacanze durante l'anno. Il tempo è prezioso per questo va gestito, usato e protetto allo stesso tempo, perché abbiamo solo questo a disposizione nella nostra vita.
Ecco la differenza che oggi voglio spiegarti, indipendentemente da chi sei e qual è la tua posizione attuale è che se vuoi emergere devi sapere dettagliatamente cosa fare per realizzare i tuoi obiettivi.
Prendiamo ad esempio l'obiettivo che ti sei posto a 6 mesi, ecco tu devi sapere perfettamente cosa fare per realizzarlo, devi scomporre i sei mesi, mese per mese, settimana per settimana, giorno per giorno, ora per ora, fino a conoscere quali sono i passi da fare tutti i giorni nelle ore prestabilite.

Faccio un piccolo esempio, immaginiamo che ti servano 5000€ in più tutti i mesi sul conto, così che con quei soldi tu possa avere la possibilità di pagarti una rata della macchina che ti piace di più, o il mutuo o una rata di un investimento che vuoi fare o hai già fatto, insomma quello che più ti interessa, dividerai il mese in settimane e le settimane in giorni e dovrai capire perfettamente quanto incasso devi fare minimo al giorno per raggiungere la cifra che ti serve, ovviamente tutto basato in base al valore dei prodotti o servizi che già vendi, se non vendi nulla tranquillo come ti ho detto nel capitolo precedente allora trova l'azienda di network marketing che fa al caso tuo, con i prodotti che ti appassionano di più.

Una delle regole principali nel business è quella di essere capaci di generare denaro, non aspettare che qualcun altro te ne dia.

Ti consiglio un'agenda quantomeno settimanale, così quando la apri avrai ben chiara la pianificazione della settimana, ricorda che è la tua impresa e finché non decolla come vuoi tu, tutti i giorni si lavora, avrai tempo per rilassarti.

Segna in agenda tutti gli appuntamenti, anche della vita privata, quando parlare con i clienti, quando andare a trovare i clienti, quando fare pubblicità sui Social, quando curare la tua immagine e quella della tua attività nel web, quando ci sono congressi di lavoro, quando poter leggere, quando formarsi, quando poter fare un corso di formazione, quando fare le riunioni. Ti consiglio inoltre una pianificazione annuale, una all'inizio dell'ultima settimana del mese per pianificare al meglio il mese a venire e una tutti gli inizi settimana per monitorare l'andamento di quello che hai programmato. Fai questo con i tuoi collaboratori e se non ne hai, fissa comunque i giorni di riunione e pianificazioni, sono indispensabili per la vita della tua attività. Solo così avrai veramente tutto sotto controllo al meglio, così da poter pianificare anche quando poter incontrare amici, che abbiano una mentalità incentrata al successo, sul riuscire o quantomeno che siano positivi, quando fare sport, quando guardare un video corso, quando fare le ferie se è possibile, ritagliati del tempo per te e per la tua famiglia e per stare con i tuoi figli, è il tempo principale che dovrai trovare per poterti sentire appagato e realizzato non solo professionalmente ma anche come padre e marito, o madre e moglie. Scrivi la data di quando dovrai realizzare i tuoi obiettivi, segna tutto, devi muoverti in funzione della tua agenda, e se sei stato bravo a compilarla e a rispettarla, puoi stare certo che il giorno che hai deciso di raggiungere il tuo obiettivo, questo si sarà realizzato e concretizzato senza che tu te ne sia reso conto.

Non esiste buon marinaio che non conosca la rotta di dove voglia andare.

Non lasciare tutto al caso, pianifica i tuoi successi.
Decidi ora come vuoi vivere il tuo futuro, perché è il posto dove andrai ad abitare.
Devi sapere anche un'altra cosa molto importante, che la regola che determina il successo sta nel capire come la psicologia influisce nel momento in cui applichiamo le strategie. Questo è determinante perché a volte si pensa che conoscere la tecnica sia sufficiente, ma nella realtà la tecnica incide solo per circa il 20% nella riuscita di ciò che si sta facendo, questa percentuale sta nell' aver capito la strategia e quindi la tecnica da usare, e quella la puoi trovare in un libro come questo o nel web, le strategie sono ovunque e di qualsiasi argomento, come generare ricchezza, come avere successo, come dimagrire, come giocare ad un gioco, come imparare uno sport, le tecniche sono a disposizione di tutti ma quello che fa la differenza è l'80% che sta nella psicologia con la quale tu andrai ad applicare quella strategia imparata. Sai è proprio per questo che poche persone raggiungono risultati eccellenti, è perché il nostro cervello cerca sempre di spingerci dove si fa meno fatica, di prendere una scorciatoia e lì dove

facciamo meno fatica non ci sono i risultati. Se oggi vuoi distinguerti e raggiungere i tuoi obiettivi, devi buttarti, devi fare sacrifici, metterci costanza e determinazione e solo se provi e rischi di sbagliare e fallire puoi ambire a diventare qualcuno e realizzarti come professionista. Dai tutto te stesso, sii coraggioso, ricorda che le aquile volano da sole e se vuoi essere una persona credibile e riconosciuta come tale agli occhi di tutti, non smettere mai di voler volare e realizzare i tuoi sogni. La goccia d'acqua che cade tutti i gironi sulla pietra a lungo andare fa il buco. Persevera sempre, i risultati arriveranno per forza, ma solo se lo vuoi.

CAP.8

5° STRATEGIA
LA PSICOLOGIA DELLA VENDITA

Riflettiamo insieme su una cosa, noi ambiamo a migliorare la nostra vita, ad ampliare quello che già stiamo facendo o vorremmo espandere in maniera strepitosa il nostro business, mettiamoci per un attimo però dal punto di vista di chi compra i nostri prodotti o servizi.
A te piacerebbe di più farti vendere qualcosa o andare a fare shopping?
Immagino che la risposta sia fare shopping vero, quindi per quale motivo noi pretendiamo che al nostro interlocutore piaccia farsi vendere i prodotti da noi? Dobbiamo in primis essere in grado di educare i nostri clienti dandogli molto valore, molte informazioni in modo che siano direttamente loro a scegliere di fare shopping nel "nostro negozio".
Oggi è tutto diverso, la vendita di 20 anni fa rispetto alla vendita di oggi non si somiglia per niente. Una volta anche se non eri un vero professionista ed eri anche un po' scorbutico,

comunque ottenevi risultati perché probabilmente nella zona eri uno dei pochi se non l'unico a vendere quel prodotto o servizio e le persone per comodità richiamavano sempre te, oggi no, oggi se non sei un professionista davvero bravo che riesce a far capire alle persone che tu hai la soluzione al loro problema o alla loro esigenza, sei tagliato fuori, c'è subito un altro che ti prende il posto, oggi c'è tanta concorrenza, o sei il migliore o rischi di perdere.

Il valore percepito che devono ricevere le persone da te, dev'essere nettamente superiore al valore reale economico di ciò che stai proponendo.

Ti faccio un esempio, immagina di entrare in tre bar diversi e di chiedere al barman un semplice cappuccino, nel primo bar te lo servono e tu noti che la schiuma te la versa nella tazza con il cucchiaino, nel secondo noti che il barman cura prima la schiuma e poi la temperatura del latte, che con un gioco di polso amalgama bene il composto e vedi versare nella tazza un composto omogeneo mostrandoti la sua professionalità, poi entri nell'ultimo bar, dove anche qui come nel secondo cura tutti i dettagli, stesso composto ma alla fine lui con la sua abilità riesce anche a farti delle figure bellissime nella tazza e con un sorriso te lo consegna, adesso rifletti un secondo, da chi pensi di aver ricevuto un servizio migliore e

professionale? Probabilmente dal terzo, anche se il valore economico era sempre lo stesso, il valore percepito era nettamente superiore quello offertoti dall'ultimo barista, quasi ti senti in dovere di prendere altro, o pagare di più, perché sai che lo merita, ma invece lo paghi uguale agli altri.
Ti chiedo di fare lo stesso di te, di non essere normale, non semplicemente bravo, ma straordinariamente eccellente, tanto da distinguerti dalla massa, da far in modo e maniera di salutare la concorrenza e di essere in vetta.
Quando una persona acquista si devono scatenare 2 cose importantissime nella sua testa, che sono la Familiarità e la Comprensione e senza una di queste due cose la vendita non si concretizzerà mai.
La familiarità può derivare dal conoscere il venditore, lo stesso prodotto da acquistare, i benefici che ha o riconoscere perfettamente la marca. Mentre la Comprensione, è la capacità che abbiamo di educare il nostro cliente e per farlo devi essere comprensibile usando il suo gergo, devi parlare la sua stessa lingua.
Ricorda che se una vendita non si conclude è solo perché la comunicazione è venuta a mancare, cliente e venditore hanno parlato su frequenze diverse, e quando le persone non ti capiscono scappano per evitare di sembrare stupidi. Il nostro

obiettivo è che noi come venditori o consulenti dobbiamo stare attenti a non dover fare a gara con i nostri clienti a chi ne sa di più, ma bisogna dare loro quello che cercano, spiegandoglielo alzando il livello tecnico se parlo con un esperto o parlando in maniera semplice se parlo con una persona che non è del settore.

E' fondamentale far nostro il concetto che tutti noi solo dopo aver capito e riconosciuto procediamo nel comprare. Con questa regola, molto semplice da imparare, ma di grandissima importanza, tu protrai distinguerti da tutti gli altri e fare la differenza.

Quindi se hai capito che le persone comprano solo se riconoscono, dovrai fare in modo e maniera di essere percepito come un professionista capace in ciò che stai facendo e fare in modo e maniera che le persone comprendano nel migliore dei modi quello che gli stai offrendo, mettendo al primo posto l'esigenza del cliente, facendogli vivere l'esperienza del possedere già quello che vuoi proporgli, che benefici avrà nell'utilizzarlo, solo così le vendite si concretizzeranno e se hai dei collaboratori dovrai fare in modo e maniera che anche loro comprendano questa regola e che la sappiano applicare nel più breve tempo possibile.

Se riesci a far tuo questo concetto i tuoi fatturati saliranno alle stelle e di conseguenza i tuoi guadagni.
Nel business vince chi semplifica!
Ricorda questa semplice regola "A.I.D.A." che sta per Attenzione, Interesse, Desiderio e Azione. E' una regola base nel mondo del commercio eppure tante persone non la applicano e di conseguenza rimandano il loro successo.
Prima di parlare di qualsiasi cosa, fai in modo che il tuo interlocutore sia *attento* a ciò che dici, usa il tono di voce giusto, cerca il suo sguardo e solo dopo inizia a parlare con lui spiegandogli cosa vuoi dirgli, altrimenti tutto ciò che dirai gli entrerà da un orecchio ed uscirà dall'altro. Ottenuta la sua attenzione quando parli con il tuo interlocutore, inizia a generargli l'*interesse* per quello che vuoi proporgli, deve capire il perché dovrebbe avere quello che gli proponi, qual è il suo beneficio che ne trae e mentre ne parli fai in modo che lui lo inizi a *desiderare* facendogli vivere l'emozione come se quel prodotto o servizio fosse già suo e solo dopo che ottieni la sua attenzione, lo vedi molto interessato e ormai desidera anche lui quella cosa allora *agisci* andando in chiusura concretizzando la vendita.
E' importante sapere che le persone acquistano sentimenti e sensazioni non prodotti o servizi fini a

se stessi, quindi focalizzati nell'alimentare quelli durante le trattative.

Molti a volte nei miei corsi mi dicono che è difficile fare questo, e se anche tu lo pensi, vorrei risponderti facendoti una semplice domanda, sai la differenza tra una cosa facile e una difficile? E' che la prima la sai già fare e per te è semplice e ti viene in automatico, l'altra invece non sai farla, non conosci la tecnica e hai paura di farla. Quindi se tutte le tecniche che imparerai nel libro le inizierai a studiare, applicare e a farle per almeno 21 giorni consecutivi, che sono i giorni che servono al nostro cervello per renderli come azioni abituali, ovvero che facciamo in automatico, inizierai un processo di metabolizzazione interiore, che ti risulteranno facili da fare anche a te, ciò vorrà dire che sarai diventato un professionista esperto nel tuo settore. Pensa a quando dovevi prendere la patente, all'inizio non era semplice, e hai dovuto metterci parecchio impegno, ma il desiderio di libertà di poter andare ovunque con la tua macchina ha reso possibile imparare a guidare. I segnali, il motore, tutto era complicato e cerca di ricordare la sensazione iniziale di essere alla guida di un'auto, attento a tutto, perché quei movimenti erano nuovi, adesso probabilmente entri in macchina, e mentre con una mano guidi, con l'altra saluti le persone che incontri, parli al telefono, guardi il panorama, è diventato normale perché hai automatizzato e metabolizzato dentro di te quei movimenti.

Adesso dobbiamo fare la stessa cosa con queste nuove tecniche, ma alla fine il risultato sarà una libertà finanziaria e potrai sentirti finalmente libero di vivere la vita come tu la vuoi.

Coccola il tuo cliente, insegnagli ad usare i tuoi prodotti, renditi sempre disponibile e soprattutto seguilo.

CAP.9

6° STRATEGIA
COME GENERARE E GESTIRE UN CLIENTE E SUPERARE LE OBIEZIONI

Una delle prime cose da fare per un business è capire a quale pubblico ti vuoi rivolgere, ti consiglio di crearti una banca dati con tutte le persone che vorresti contattare, amici, parenti, aziende, associazioni, enti, stila una lista minimo di 200 nominativi, puoi aiutarti oggi con la nuova tecnologia perché su Google ci sono tutte le aziende divise per settore, potresti avere un sito con un cattura contatti, ovvero un servizio che dà la possibilità a chi ascolta un tuo video o legge le tue informazioni di inserire i propri dati per avere un diretto contatto con te, così che tu possa reperire nuovi nominativi, un video da caricare su YouTube dove proponi esplicitamente ciò che vendi o eventuali partnership, tirar fuori tutti i biglietti da visita raccolti negli anni, così sarà semplice superare i 200 nominativi. E' fondamentale scriverli tutti, perché com' è normale che sia, potrebbe capitare che con molti non vada in porto la vendita, quindi a volte stilare una lista con il morale a terra perché le cose non sono andate come volevamo, potrebbe capitare che la nostra creatività si allenti e rischiamo di dimenticare quei nominativi che sono fondamentali per la nostra crescita, ma che non potremmo ricordare in quel momento. Segna chi sono queste persone, dove si trovano, la loro e-mail e il loro numero, così da fare una buona programmazione di contatto e di poter visitare le aziende che decidi in maniera intelligente, anche per luogo e posizione geografica, che lo faccia tu direttamente o i tuoi collaboratori. Ricordati che come nella vendita di un prodotto, anche solo per un appuntamento, la persona che deve incontrarti, per evitare che possa dire di no a prescindere senza neanche che sappia di cosa si tratta, è necessario che prima ti riconosca e poi comprenda nel tuo intento. La formula da usare è, sono (……….), aiuto chi (……….), a fare cosa (……….), in che modo (……….). Ad esempio io dico "sono Giuseppe Diurno, e sono specializzato nel poter aiutare le persone, imprenditori e liberi professionisti a poter espandere i loro business o a migliorare quello che già stanno facendo, o semplicemente come poterne creare uno pur partendo da zero, anche senza fare nessun tipo di investimento grazie alle nuove tecnologie". Trova la tua formula personale usando lo schema, specializzati, ricerca il tuo target di persone, stila delle liste di persone alle quali vuoi proporre cosa, e inizia i tuoi contatti efficaci.

Nel momento in cui avrai concretizzato con i tuoi contatti e avrai i tuoi primi clienti, o quelli che già hai se sei in attività da tempo, è importante che tu riconosca l'alto valore che hanno per te i tuoi clienti, sono le persone a noi più care, dobbiamo prenderci cura di loro in tutto e per tutto, perché se noi ci prenderemo cura di loro, loro si prenderanno cura di noi continuando a servirsi della nostra professionalità, dei nostri prodotti e servizi. Se tu riuscirai a dare più valore a tutti i clienti rispetto a quello che ti hanno chiesto e pagato, si scatenerà un sentimento di stima enorme nei tuoi confronti o in quelli della tua attività o assistenza e per questo si sentiranno in dovere di acquistare sempre da te e per loro l'idea di comprare altrove gli sembrerà quasi di tradirti, ma questo solo se li avrai resi speciali.

Creati un database al computer, o semplicemente creati un raccoglitore ad anelli e inizia a schedare tutti i tuoi clienti, passati e presenti, scrivi tutti i loro dati anagrafici e soffermati sulla data di nascita, quella scrivila nel calendario, perché non c'è niente di più bello di ricevere gli auguri senza voler nulla in cambio. Segnati dove abitano, come li hai conosciuti e se qualcuno te li ha presentati, cos'hanno comprato e cosa gli sarebbe piaciuto comprare ma che non l'hanno fatto, metti tutto quello che può darti quante più informazioni possibili su ognuno dei tuoi clienti. Ti consiglio di farlo veramente, perché solo pochi ne capiscono l'importanza e quando un cliente non si sente coccolato non smette di acquistare quel tipo di prodotto, ma continuerà a farlo da un altro che probabilmente lo tratterà meglio e che si prenderà più cura di lui.

Oggi esistono delle fidelity card, un'idea fantastica, avvisa i clienti di nuove offerte, fa gli auguri il giorno del compleanno, avvisa se ci sono promozioni o se l'azienda o il negozio chiude.

Fidelizza anche tu i tuoi clienti, rendili speciali e loro parleranno sempre bene di te, della tua azienda e dei tuoi prodotti, e come ben sai non c'è pubblicità più potente del passaparola. Devi generare dei Fan, pensa alla Apple, non ha dei semplici clienti ha dei veri e propri sostenitori, persone che al momento del lancio dei loro prodotti vanno la notte davanti il negozio per essere i primi ad acquistare il nuovo articolo, che ha costi molti elevati, e nonostante ciò ci sono file interminabili davanti agli store, perché il valore percepito dei clienti è più alto del valore del prodotto, hai un'assistenza continua, se si rompe te

lo sistemano o cambiano, spesso gratis o con una piccola quota, ciò che dà ai propri clienti è unico e loro per sdebitarsi acquistano solo prodotti Apple e non passerebbe mai loro per la testa l'idea di tradirli e passare con altre aziende.
Capisci cosa vogli dirti, dai tutto te stesso, metti loro al primo posto, e anche i tuoi clienti saranno i tuoi fan numero uno.
Non so se hai mai fatto caso che ci sono dei ristorantini, nascosti tra le montagne o in paesini sperduti nel nulla, che per arrivarci devi addirittura prendere delle strade sterrate, senza indicazioni e cartelli, non presenti sui navigatori, eppure sono sempre pieni e se ci vuoi andare a mangiare devi prenotare settimane o addirittura mesi prima, mentre i ristoranti belli in centro città alla portata di tutti e molto visibili, vuoti. Succede questo perché in quei ristorantini sperduti si respira un'aria familiare, si prendono cura di te, ti danno le cose migliori, non badano a spese per coccolarti, il servizio è eccellente, e senza che nessuno te lo chieda, per i giorni, settimane e mesi a venire con le persone che incontri parli di quel posto, magari consigliandolo. Come già ti ho accennato noi acquistiamo emozioni non solo beni materiali, e quando ai tuoi clienti riuscirai a vendere un'emozione l'avrai conquistato per sempre. Fai in modo che la gente ti pubblicizzi, e

questo lo otterrai solo se inizierai prima a dare loro del valore e occuparti delle loro esigenze e di conseguenza inizierai a ricevere con gli interessi da parte loro.

Le persone processano la realtà utilizzando i loro cinque sensi, è tuo compito capire qual è quello dominante in loro per rendere più semplice la loro scelta e la tua vendita.

Potrebbero essere persone *visive*, e te ne accorgi perché vogliono vedere cosa gli proponi dal vivo o ti chiederanno dei cataloghi, oppure persone *uditive*, e te ne accorgi perché ti chiedono più spiegazioni, vogliono sapere o riascoltare nuovamente una cosa che ti hanno già chiesto, e poi ci sono i *cinestesici*, quelle persone vogliono toccare, provare o odorare quello che devono comprare. Ecco, proprio per questo cerca di far vivere a pieno il senso dei tuoi clienti, solo così si sentiranno sempre più soddisfatti e saranno propensi all'acquisto.

Ricorda che un cliente che ti ha riconosciuto come professionista nel tuo settore, o conosce già il tuo prodotto e i sui benefici, la marca o addirittura tutti questi elementi insieme, sarà lui stesso a concludere la vendita desiderando quello che tu hai.

A me non piace parlare di come evitare che le cose vadano male, perché il pensiero negativo influisce

dieci volte di più che quello positivo, quindi a volte pensando a come rispondere a un'obiezione ci concentriamo solo su quella e di conseguenza la vendita va male.
Ti invito invece a fare tutto nella maniera corretta, ad essere positivo, ad aver dato tutto te stesso e alla risposta "grazie ma non mi interessa", "ci devo pensare" oppure "è troppo caro" si può ancora fare qualcosa per recuperare il cliente.
Al "grazie non mi interessa" io dico e insegno ai miei collaboratori a rispondere come mi hanno insegnato grandi maestri della negoziazione: "La capisco, proprio per questo vorrei farle solo un'unica domanda, da quanto tempo non fa un confronto? Non crede anche lei che fare un confronto le possa tornare utile per capire come viene trattata dal suo fornitore o venditore e di cosa le propongono le altre aziende e venditori concorrenti??"
Ricorda tutti ti faranno fare almeno una domanda e lì potrai agire in maniera incisiva sul loro modo di pensare, influenzandoli positivamente ad un miglioramento facendoli diventare così tuoi clienti.
Al "ci devo pensare" utilizzo e insegno: "Ma quindi mi sta dicendo che se non fosse per …… il prezzo, l'opinione del marito o della moglie, il colore, inserisci tu quello che ti serve, lei sarebbe seriamente interessata?" E lì ti accorgerai subito se

vale la pena curarla come cliente o è meglio lasciarla andare perché non è seriamente interessata a cosa gli state proponendo.

E poi c'è quello che a me piace di più, rispondere all'affermazione "è troppo caro", qui voglio darvi due o tre chicche che potreste utilizzare " In base a cosa lei valuta la mia offerta o proposta non interessante?" oppure "E' assolutamente vero, perché secondo lei è così costoso?" potreste anche dire "Lei vuole qualcosa su cui poter fare affidamento, giusto?" ed ecco la mia preferita "le cose a buon mercato non possono essere di valore, giusto?".

Chi domanda, comanda, il vecchio detto, è vero.

Specializzati sul capire le persone, probabilmente avrai già sentito dire che abbiamo solo una bocca e due orecchie e questo vuol dire che dobbiamo parlare meno e ascoltare di più, e in questo caso ascoltare e capire le esigenze dei nostri clienti faranno triplicare i nostri fatturati e le nostre provvigioni mensili.

Come dicono grandi esperti del business uno degli errori più comuni da evitare soprattutto all'inizio è quello di aspettare che i clienti vengano da te ma il tuo compito è quello di batterli sul tempo anticipando le loro esigenze facendo tu il primo passo nei loro confronti. Questo è da ricordare anche quando sarai posizionato ai vertici del tuo settore. La lungimiranza sta nella creazione di reti commerciali, i primi a capirlo sono stati i franchising che hanno portato i loro negozi nelle principali città riproducendo un sistema vincente, ma l'astuzia ancora più grande è quella di far arrivare il prodotto direttamente a casa del cliente come succede nel Network Marketing e nei siti dove puoi acquistare on-line. Questa piccola ma grande differenza fa sì che tu possa espandere la tua attività, brand e prodotti ad un maggior numero di persone, questo è il futuro. Se volessimo fare un paradosso è come se parlassimo della differenza che c'è tra un treno e un taxi, con il treno ti devi adeguare al suo orario, devi andare a prenderlo alla stazione, devi stare attento all'orario altrimenti rischi di perderlo, e fa delle tappe fisse, come vedi è molto limitate, mentre un taxi segue le tue esigenze, viene a prenderti a casa, ti porta dove vuoi senza fermate intermedie, rispetta i tuoi orari, questo è più flessibile, capisci cosa ti sto dicendo, se vuoi un business vincente trasformalo in un business che possa somigliare ad un taxi, ovvero che segua le esigenze dei tuoi clienti così da poter spazzare via la concorrenza. Questo perché oggi sono pochi i professionisti e le aziende che usano questa logica, inoltre aggiungerei una cosa molto importante, assicurati che sia un taxi veloce perché il successo ama la velocità, chi arriva dopo di solito non ha la gloria del primo.

CAP.10

7° STRATEGIA
SELF MARKETING

Self marketing sta per vendita della propria immagine, e che tu sia un libero professionista, un rappresentante, un consulente, un dirigente, o semplicemente ambisci a diventare una di queste figure professionali, devi essere consapevole che hai deciso di metterci la faccia e proprio per questo voglio spiegarti come poterti rendere sempre più visibile e farti riconoscere dal pubblico al meglio.
Se alla domanda, io posso portare valore alle altre persone? Se la risposta è sì, vendersi bene è un dovere.
Le persone hanno poco tempo e quindi devono subito poterci inquadrare, quindi acquista un'identità professionale ben precisa, così che le persone possano capire cosa fai e come potresti aiutarli. Distinguiti mettendo in campo la tua professionalità così che possano riconoscerti come esperto e autorevole in quel settore. Sii sempre coerente e parla cercando in ogni modo di veicolare il valore che puoi offrire alle persone,

facendo capire che tu hai la soluzione a ciò che cercano. Fai conoscere al mondo ciò che fai, usa i social per rimetterti in contatto con persone e amici che non vedi da tanto, così che possano anche loro interessarsi a te. E' fondamentale "nutrire" di informazioni più volte a settimana le persone che ti seguono e stimano in rete, aggiornando quindi il tuo profilo o Fan Page, sono il tuo pubblico i tuoi fan. Dobbiamo cercare di trasmettere sempre credibilità, affidabilità, precisione, contenuti semplici ma di un forte impatto per chi lo sente, vede o legge. Oltre ad essere presente in rete è fondamentale studiare i nostri competitor e apprezzare se fanno cose eccellenti, così che anche loro si possano interessare a noi e innescare il meccanismo della reciprocità. Nelle tue informazioni sii chiaro e sintetico, le persone a colpo d'occhio devono capire cosa fai e chi sei in poche righe. Scegli il tuo look e sii sempre coerente, il tuo pubblico vorrà vederti sempre in quel modo, per poterti classificare nella loro mente, compreso il tuo biglietto da visita, chiaro, pulito ed elegante. Siate persone cordiali, fate apprezzamenti se potete, complimentatevi, siate sempre positivi nei vostri commenti e quando parlate, se non avete argomenti per fare apprezzamenti positivi, evitate. A volte il modo in cui commentiamo e ci muoviamo ci fa identificare dalle persone, quindi attenzione a qualsiasi azione tu faccia, ne vale della credibilità del tuo brand.

Prova a chiudere gli occhi per un secondo e ad immaginare la persona di successo che vorresti diventare, potrebbe essere che tu stia già ottenendo successo, ma spingiti oltre, mai accontentarsi, ispirati a chi per te è il numero uno nel settore in cui ti trovi, se fossi già diventato quella persona, come vorresti essere vestito, che macchina vorresti possedere, come parleresti, come ti atteggeresti, che casa vorresti, che locali frequenteresti, quali sarebbero le tue amicizie, quali hobby avresti, che scuole frequenterebbero i tuoi figli, chi ti piacerebbe aiutare? Vorrei che rispondessi a queste dieci domande per iniziare a far lavorare la mente, in modo da visualizzare bene dentro di te dove vuoi andare e chi vuoi diventare. Il nostro dialogo interno è fondamentale ed è anche molto importante che sia chiaro e sincero.

Rispondi qui a tutte le domande:

___

___

___

___

___

___

___

Con questo esercizio voglio che da oggi in poi tu possa iniziare ad allontanare la tua mente dal tuo corpo e farle vivere le sensazioni che si vivono in quei vestiti, in quella casa, in quei locali, in quella macchina, all'idea di far star bene altre persone, di dare un'istruzione migliore ai tuoi figli, perché così, anche il tuo corpo inizierà a sentire l'esigenza di volerle vivere realmente e di ricongiungersi alla mente! Se hai fatto bene questo esercizio, dovresti capire che quello che a tutt'oggi stai vivendo ti sta stretto, non ti piace, non ti soddisfa in pieno e a questo punto se inizierai ad agire e a sfruttare queste tecniche inizierai ad essere sempre più padrone di te stesso e a dominare la tua mente.

Ricordi quando nella prima strategia parlavamo di scopo, bè vorrei dirti che il tuo vero scopo, del perché la tua vita e quella della tua famiglia meriti di migliorarsi, lo trovi nelle dieci risposte che hai inserito nell'esercizio che hai appena fatto, e proprio quello per cui tutti i giorni, cascasse il mondo, dovrai prendere in mano la tua vita e condurla dove tu possa realizzare tutte quelle cose, perché solo se lo vorrai veramente questo potrà succedere.

Cerca sempre di avere una mentalità incentrata al successo e spingi la mente oltre i confini, il corpo cercherà sempre di seguirla e a questo punto tutte queste strategie ti serviranno perché saranno le tue armi per affrontare il percorso per ricongiungerti con la tua mente e solo quando mente e corpo saranno di nuovo insieme, lì dove volevi essere, potrai sentirti finalmente, pienamente appagato di ciò che hai fatto e di chi sei diventato.

Proprio per questo voglio dirti di non aspettare di diventare qualcuno per iniziare a vestirti come un professionista, non aspettare di essere conosciuto prima di avere un sito internet, non aspettare di avere tanti seguaci prima di avere la tua Fan Page su Facebook, inizia da subito a prenderti cura della tua immagine. Ti ricordi cosa ti ho detto quando abbiamo parlato della psicologia della vendita, il cliente prima di acquistare deve riconoscere, e devi essere riconosciuto da subito come professionista serio, capace e credibile così da rompere il muro della diffidenza con i clienti e poter fare in modo che si lascino spiegare cosa hai da dirgli e offrirgli.

Oggi i social network sono la nostra carta di identità, quindi vanno curati alla perfezione. Partendo dalla foto di profilo che dev'essere a mezzo busto, perché le persone vanno sui social prevalentemente dagli Smartphone e quando ti cercano se hai omonimi ed hai una foto intera loro vedranno solo la parte dal petto alle ginocchia e non ti trovano, quindi attenzione.

Poi ovviamente vestiti in maniera consona al tuo business, e fai un bel sorriso. Cura la pagina in maniera impeccabile, alza i filtri di chi può scrivere e postare sul tuo profilo, fai in modo di essere direttamente tu ad accettare i post in cui sei taggato per evitare che possano danneggiare la tua immagine. Scrivi chi sei e cosa fai, chi aiuti e in che modo, evidenzia il tuo sito internet e la tua fan page se ne hai una su Facebook, altrimenti falla.

Mai lasciare al tuo umore la possibilità di scrivere nel web, ma scrivi usando il cervello, sii sempre positivo, vietato parlare di politica, religione e sport, perché sono le principali cause di litigi e antipatie, il tuo business dev'essere aperto a tutti a 360 gradi. Cerca sempre di lanciare un messaggio, video o foto inerenti al tuo modo di pensare, agire e fare business, mai dare spazio alla negatività, cerca sempre la soluzione a qualsiasi cosa stia accadendo e così avrai sempre una strada da seguire. Non inserire mai i tuoi prodotti nei social, lascia che la gente si incuriosisca grazie a quello che scrivi e ti chieda, così che siano loro a voler fare shopping da te e non tu a rincorrerli per vendergli, altrimenti scapperanno; pubblicizza piuttosto la soluzione che sai che grazie al tuo prodotto può essere ottenuta o migliorata, una determinata esigenza alla quale sai di poter offrire una soluzione, così da catture like a quello che scrivi e commenti di persone che ne vogliono sapere di più, e grazie semplicemente ad averli incuriositi automaticamente il numero dei tuoi probabili nuovi clienti aumenta giorno dopo giorno, semplicemente facendo capire che tu hai quello che a loro serve, senza dire esplicitamente di cosa si tratta ma solo accennando ai benefici che tu grazie ai tuoi prodotti o servizi puoi apportare, dando a lui l'onore di chiederti e fare shopping da te. La gente vuole decidere e si fida di chi gli da consigli in cambio di nulla, quindi usa i social per posizionarti e dai, dai e dai senza avere la pretesa di ricevere, solo così riceverai, riceverai e riceverai da parte loro.

Credo talmente tanto in questa tecnologia che ho aperto un'attività commerciale proprio in questo settore, perché ero stanco di dovermi appoggiare a persone che non riuscivano a darmi ciò che chiedevo e soprattutto che utilizzavano tecniche obsolete per i tempi che corrono. Il mondo sarà sempre più tecnologico, ormai tutto naviga in rete e se non ti sei ancora convertito a questa nuova realtà, fallo prima possibile perché altrimenti il tuo business potrebbe essere una bomba ad orologeria, perché anche se hai un prodotto ottimo e non sei presente nel web, potresti essere sorpassato da chi ha un prodotto meno valido del tuo, ma è presente in rete.

Oggi nella mia attività che si chiama Handlyweb "il tuo web a portata di mano", costruiamo principalmente delle Landing Page, dando finalmente alle persone la possibilità di utilizzare un nuovo modo di lavorare ed espandere il proprio Business e la propria Immagine sul Web, così che tutti possano avere il proprio sito a portata di

mano e farlo lavorare per se. Ho voluto i migliori webmaster a collaborare con me, perché voglio avere e offrire solo il top, l'eccellenza dev'essere sempre la base di qualsiasi cosa.
E' importante che tu possa diventare un Brand e non una semplice marca, la differenza è che quando pensi e vedi un Brand ti suscita emozioni, pensa alla Ferrari, probabilmente non vedi solo il cavallino disegnato, ma ti suscita potenza, lusso, bellezza, ricchezza, mentre una marca è un semplice logo disegnato da un grafico fine a se stesso che non suscita nessun tipo di sentimento e come abbiamo già detto le persone acquistano sensazioni, io voglio aiutarti a diventare un Brand e non una semplice marca.
Per fare questo devi differenziarti dalla massa, dai qualcosa di più tutti i giorni, cerca di migliorarti sempre, sfida te stesso!!!

CAP.11

8° STRATEGIA
L'IMPORTANZA DI DECIDERE DI FARE QUALCOSA E LA CONSEGUENZA DEL NON FARLO

La qualità della nostra vita è data dalla qualità delle decisioni che noi abbiamo preso, sì proprio così, noi siamo la somma delle nostre decisioni che ci piaccia o no e di dove ci hanno portato oggi, quindi noi possiamo decidere di fare azioni diverse che ci porteranno finalmente a raggiungere ciò che realmente vogliamo. Bisogna che però tu tenga sempre a mente che anche le piccole e banali decisioni che prenderai ti cambieranno la vita. Voglio farti un esempio, io una volta ero indeciso se partecipare o no ad un corso di formazione che si faceva all'estero, il proprietario dell'azienda con cui collaboravo per circa sei mesi cercò di convincermi ad andare perché sarebbe stato strepitoso trascorrere tre giornate di formazione con persone straordinarie, ma avendo delle attività aperte non sapevo come fare e chiudere significava perdere tre giorni di lavoro, quindi diverso fatturato, ma alla fine decisi anche quella volta di investire sulla mia crescita, chiusi le mie attività e andai al corso. Grazie a quella piccola decisione, lì ho conosciuto mia moglie, con la quale ho due figli splendidi. Ma ci pensi, se avessi deciso di non andare probabilmente la mia vita avrebbe avuto un'altra svolta. Ti consiglio di stare sempre attento però al tuo stato d'animo quando prendi la tua decisione, cosa credi che di buono possa portarti quella decisione, quali domande ti stai facendo in quel momento, quali valori condividi, tutti questi fattori andranno a determinare la decisione stessa. Piccole decisioni possono cambiarti la vita e se in ballo c'è la possibilità di poter imparare, crescere, innalzare i tuoi standard, allearti con partner strategici che hanno i tuoi stessi ideali, "carpe diem", sarà importante per te cogliere ogni attimo per realizzare ciò che vuoi.

Ricorda sempre che sono le piccole azioni ripetute nel tempo che ti porteranno ad ottenere o a non ottenere ciò che vuoi, infatti le cose facili da fare e facili da non fare contraddistinguono le persone di successo da quelle che non ce l'hanno. Cerca di seguire questo ragionamento, immagina che tu voglia ottenere risultati, qualsiasi sia il campo, non ha importanza, prendiamo ad esempio che tu voglia risultati migliori sia in campo professionale che personale e con te anche un tuo

amico; iniziate il percorso di crescita insieme, tu decidi di acquistare il mio libro e il tuo amico no, tu decidi di iniziare a formarti e fare esercizi per la tua crescita personale e lui no, tu inizi a non voler perdere più tempo prezioso della tua vita e lavori sul come poter sfruttare al meglio le nuove tecnologie e lui no, tu lavori su un buon self marketing, inizi a curare tutti i dettagli, le immagini, i post e lui no, tu inizi a provarci e a mettere in atto delle strategie che stai imparando e lui no, lui mangia con la famiglia e torna dal lavoro per ora di cena e sta con la moglie o il marito e i suoi figli e tu no, perché hai deciso di andare in qualche congresso formativo o stai lavorando in giro per l'Italia per la tua attività o seconda attività, o semplicemente stai facendo degli straordinari, lui riesce a dormire 8 ore e tu no, perché hai lavorato di più, i tuoi orari ormai sono diversi da quelli della normalità delle persone, e sai cosa succede?
All'inizio i risultati tra te che fai e lui che non fa sembrano gli stessi, se ci rifletti sembra quasi che lui sia più furbo di te e molti arrivati a questo punto si sentono smarriti e non vedendo risultati, principalmente economici, si sentono destabilizzati, ma ti dirò di più, potrebbe capitare che a questo punto sono più i soldi che stai spendendo che quelli che entrano ed ora la fatale decisone, quella di mollare. La maggior parte della

popolazione molla, le persone comuni e non di successo ai primi ostacoli mollano, perché è la scelta più semplice e ovvia da fare. Invece sta succedendo qualcosa di incredibile dentro di te, sta iniziando una trasformazione, ti stai migliorando, stai crescendo, le tue competenze stanno aumentando, la tua consapevolezza cresce e la stima che inizierai ad avere di te stesso sarà molto più alta e quando tirerai la somma tra te che hai fatto delle azioni e chi non le ha fatte il risultato non può essere lo stesso. Tu stai mettendo le fondamenta della tua vita, in base a quanto vuoi far grande la tua casa, tanto più profonde e robuste dovranno essere le fondamenta, e se capirai questo e continuerai a perseverare tutto cambierà, tutto sarà più chiaro, inizierai a distinguerti dalla massa, sarai uscito dalla tua zona di comfort, sarai pronto per iniziare a godere a pieno di questa vita. Come abbiamo già detto per imparare, crescere e avanzare, devi uscire dalla zona di comfort, provare disagio e paura, superandola con coraggio e determinazione e lì arriva la crescita personale e professionale.

Tu che avrai fatto quelle azioni attuerai una svolta, la tua strada sarà pronta e direzionata verso il successo e colui che non l'avrà fatto, non avrà sofferto facendo sacrifici e che avrà solo costruito fondamenta per una casa di paglia, avrà spianato la strada per il declino finanziario che lo porterà solo all'insuccesso e a vivere una vita di stenti, piena di rimpianti e rimorsi per cose che avrebbe voluto fare e di cose che non avrebbe dovuto fare. Immagina di vedere un Iceberg, solo un terzo è fuori, tutto il resto sta sotto l'acqua, non si vede e tanto più è grande quello che vuoi far vedere e tanto più dovrai lavorare sulla parte che non si vede, con questo voglio farti capire che all'inizio potrai anche non vedere o essere riconosciuto, ma se stai facendo le cose in maniera corretta è solo una questione di tempo e di perseveranza, con quanto più crescerai a livello personale, tanto più saranno i risultati nella tua vita e nel tuo business, e se combatterai per i tuoi ideali, per i tuoi valori, obiettivi e scopi, tutti potranno avvistarti come un gigantesco iceberg anche da lontano.

Il SUCCESSO non arriva grazie ad una singola azione, ma deve diventare un'abitudine caratterizzata da tante piccole azioni quotidiane che ti portano all'eccellenza.

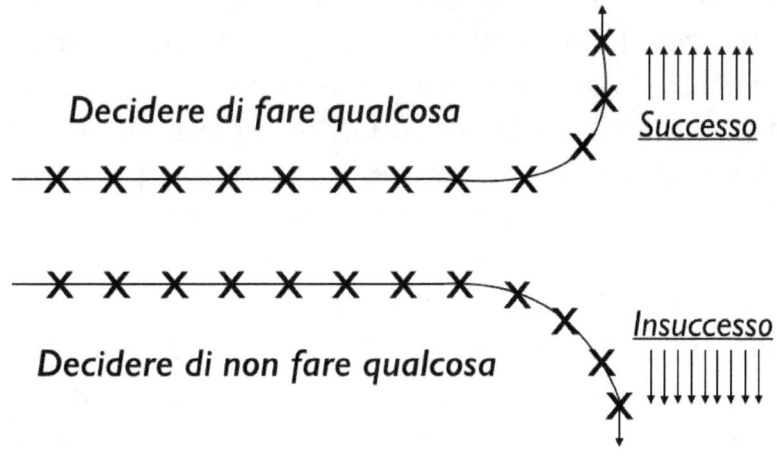

IL RISULTATO TRA CHI FA E CHI NON FA, SARA' SEMPRE DIVERSO!

Voglio raccontarti un piccolo aneddoto, una storia vera: siamo in Canada, un imprenditore aveva comprato una miniera e aveva fatto iniziare gli scavi per cercare l'oro. Passarono i giorni, i mesi e gli anni ma dell'oro non se ne vide mai neanche un granellino, erano di più i soldi che gli uscivano che quelli che incassava, alla fine si rassegnò, non volle più continuare, gettò la spugna e fece suonare la sirena per annunciare che il lavoro era terminato e l'ultimo operaio tirò l'ultimo colpo di piccone sulla parete ma sentendo la sirena, lo lasciò attaccato e andò via. Pagò tutti gli operai e gli disse che avrebbe venduto la proprietà, il lavoro con lui si era concluso definitivamente. Il proprietario vendette la sua miniera per una miseria, cercando di rientrare solo di qualche spesa. Il nuovo acquirente andò a visitare la sua nuova proprietà, il suo nuovo acquisto, e si trovò all'entrata della galleria dove venivano fatti gli scavi, si mise un berretto di quelli gialli da minatore con la lampadina sulla fronte e partì per vedere cosa ci fosse all'interno. Arrivati alla fine della galleria vide ancora il piccone sulla parete, allora decise di toglierlo, e togliendolo vide dell'oro, sì proprio dell'oro, trovarono una delle più grandi vene d'oro di tutto il Canada.

Ci pensi, è quello che succede alla maggior parte delle persone, lasciano sempre a un passo dal successo perché non vogliono più soffrire, perdono la speranza e si rassegnano. Gli sforzi che farai, se intelligenti e fatti con strategia ti porteranno sempre risultati eccellenti. Dai tempo al tempo, ma tu persevera sempre.

Tu sei diverso, tu sei speciale, tu sei unico!
Inizia a credere in te!

CAP.12

9° STRATEGIA
SUPERA I TUOI LIMITI

Sai, per superare i propri limiti prima bisognerebbe conoscere qual è il punto di partenza e quel vuole essere il punto di arrivo, ovvero dove si vuole andare.
Andare oltre i propri limiti è una sfida che tutti noi, se impariamo come e cosa fare, possiamo superare, basta volerlo. Il limite in se è un'illusione, non esiste, è una visone distorta che abbiamo della realtà, dovuta all'educazione che abbiamo ricevuto e dagli standard che la società ci ha imposto di avere e rispettare. A volte senza rendercene conto, siamo noi ad imporre dei limiti alla nostra mente, e dopo un po' che ce li ripetiamo, tendiamo ad amplificarli e anche se in realtà sono piccole limitazioni che ci siamo dati, noi li vediamo come enormi ostacoli insuperabili. Alcuni si nascondono dietro le scuse dei limiti fisici, economici, di tempo e tante altre per non superarli. La nostra mente si rifugia sempre dove si fa meno fatica e superare il limite è fatica.

*L'unico posto dove troviamo sudore
dopo successo è nel dizionario.*

Dove un uomo ordinario vedrà un ostacolo, un sognatore vedrà sempre una grande opportunità di crescita e di riscatto. Un sognatore sa che lui stesso è la chiave per farcela ed emergere. Ogni persona resterà schiavo dei propri limiti fin quando non deciderà di tornare a sognare e lavorare duramente, con costanza, precisione ed eccellenza in tutto ciò che fa.

*Il limite di quando in alto puoi andare
è solo quanto pensi di poter salire.*

Questa è una delle frasi che amo di più perché mi spinge sempre a fare quel qualcosa in più tutti i giorni.
Il limite penso sia stato creato per dividere le persone in tre grandi categorie: i rassegnati, chi ci prova ma poi molla e i determinati.
I rassegnati sono tutte quelle persone che neanche ci provano, per loro solo l'idea che ci sia un ostacolo da superare nemmeno partono, sono quelle persone che invidiano chi ce l'ha fatta, che si

lamentano dalla mattina alla sera, che tutto va sempre male, che il mondo si è accanito contro di loro e che la loro vita fa schifo, non faranno mai nulla, ma nella vita avranno solo vegetato e aspettato che il loro ciclo finisca.

I secondi sono quelli che ci provano, sono quelli che vedono l'ostacolo e cercano la strada più facile, come poter imbrogliare ed arrivare prima, sono quelli che però appena si rendono conto che c'è da far troppa fatica e che c'è da combattere tirano subito i remi in barca, sono quelle persone che vanno a dire "anch'io ho fatto quella cosa ma non funziona, è un business che non va" che si adattano a quello che i media dicono e alla fine non ammetteranno mai di non essersi applicati, di non aver fatto del loro meglio e di non avercela fatta perché avrebbero dovuto lavorare sodo per ottenere i risultati che volevano, ma daranno solo la colpa all'attività, all'azienda, al periodo storico o alla strategia che non funziona.

E poi ci sono i determinati, quelli che sanno che c'è un ostacolo, ma loro riescono a guardare oltre, riescono a visualizzare il loro obiettivo e il loro scopo finale, sono quelli che agiscono con il fine nella mente, che decidono, decidere dal latino "de cedere", ovvero da tagliare, tagliano la decisione e tutto quello che gli sta intorno non lo vedono più, i loro obiettivi sono talmente importanti che qualsiasi ostacolo si intrapone tra loro e quello che vogliono realizzare lo spazzano via, sono quelle persone che cercano sempre la soluzione, che soffrono, piangono, fanno sacrifici perché hanno capito che per arrivare al successo c'è un prezzo da pagare e loro sono disposti a farlo perché la ricompensa sarà molto più ricca, finalmente non saranno più vittima del sistema, saranno padroni della loro vita e delle loro finanze. Sono quelle persone che ammirano chi già ce l'ha fatta e lo prendono come esempio, lo studiano cercando di migliorarsi sempre.

Spesso si prendono da esempio gli sportivi per rappresentare il successo, perché guardando una qualsiasi gara di un professionista si vede e percepisce la fatica, la determinazione, la sofferenza, la loro determinazione incentrata solo sul riuscire, portano il loro focus, la loro attenzione solo sulla vittoria e quando vincono il vero risultato non è la medaglia d'oro, perché quella sarà solo la conseguenza di essere stati i migliori, ma la vittoria più grande sarà l'essere diventato una persona migliore, di aver fatto un percorso di vita semplicemente straordinario.

Sono tante le persone che potrebbero lamentarsi di non avere quello che gli altri hanno, ma invece nonostante la vita li abbia messi a dura prova loro si sono voluti superare. Non so se hai mai sentito parlare di Nick Vujicic, un ragazzo nato in Australia con una rara malattia la Tetramelia, ovvero è privo di arti, non ha ne gambe e ne braccia, ha due piccoli piedi e solo quello sinistro ha solo due dita, umiliato dalle persone e preso sempre in giro dai bulli della scuola, ha avuto una vita piena di disagi, racconta che avrebbe preferito morire, pregava Dio che gli potesse far crescere gambe e braccia, fin che un giorno ha detto basta, doveva prendere in mano la sua vita e decidere di utilizzare le risorse che aveva, ma nonostante a lui manchino le braccia e di conseguenza le mani, con le uniche sue due dita del piede sinistro ha imparato a scrivere, a radersi, a lanciare palline, rispondere al telefono, versarsi l'acqua, a giocare, nuota, fa surf, oggi è uno speaker internazionale, formatore e motivatore che riempie i palazzetti con miglia di persone che vanno ad ascoltare ed imparare quello che lui dice, è un autore, scrive libri di successo, si è sposato con una donna bellissima e insieme hanno anche un figlio.

Così come potremo parlare di un esempio italiano di forza e determinazione, Simona Atzori, una ragazza nata senza braccia. Nonostante questa apparente difficoltà è ora un'eccellente ballerina di danza classica, una talentuosa pittrice che fa quadri spettacolari dipingendo con i piedi, autrice di libri e presenzia ad incontri e conferenze motivazionali per far capire che se si vuole tutto è possibile, nonostante qualsiasi difficoltà.

Capisci, la vita sarà sempre piena di cose belle se saprai utilizzare tutto ciò che ti è stato donato, abbiamo un cervello che può ottenere tutto ciò che vuole, impara a dominarlo, impara a focalizzarti sulle tue risorse e se anche tu lo vorrai tutto sarà possibile.

Voglio solo farti capire che se vuoi qualcosa, vai a prendertela perché altrimenti lei non verrà mai da te. Sarà faticoso, ma possibile!

Basta procrastinare, il momento giusto è oggi, agisci!

La gente aspetta tutta la settimana il venerdì, tutto l'anno l'estate, tutta la vita la felicità e si dimentica di vivere l'Oggi!

CAP.13

10° STRATEGIA
AGISCI

Tutto quello che hai imparato fino ad adesso, sarà tutto vano se non farai il primo passo, se non affronterai la realtà. Lo so che fa paura, ma domina quell'emozione, affrontala, alleati con lei, sarà la tua compagna di viaggio.
Oggi come oggi che tu lavori solo o con un team parte tutto dalla leadership, si proprio così, dovrai essere il leader che hai sempre voluto, o sognato, ognuno di noi è un leader per se stesso e per l'ambiente che controlla e gestisce che questo sia un micro o macro ambiente. Una volta il leader era un termine che se ne potevano vantare solo pochi eletti, i grandi politici della storia, i generali dell'esercito, ma oggi non è più così, oggi tutto è cambiato. Negli anni '80 il leader era una persona autorevole e autoritaria, produceva diversi risultati, vendeva un sogno ai suoi collaboratori e fan e tutti lo seguivano. Ma con il passare del tempo ad arrivare ad oggi la sua figura è cambiata tantissimo, oggi il leder dev'essere capace di creare

relazioni con le persone, con i suoi collaboratori, di stare con loro, di viverli e farli mettere a suo agio, deve aiutare i membri del suo team ad auto apprezzarsi, è fondamentale far crescere l'autostima delle persone, per farli sentire più sicuri di se stessi e di conseguenza rendere molto di più nelle attività commerciali. E' tra l'altro molto importante che il leader sia in grado di far instaurare relazioni tra tutti i membri del team, apprezzarsi reciprocamente per i risultati o capacità dimostrate, aiutarli a far emergere le loro migliori qualità per portali all'eccellenza, quindi non ad essere semplicemente bravi, ma eccellenti in tutto ciò che fanno. Bisogna che tenga sempre unito il team anche dopo il lavoro, con vacanze, cene, week and, e qualora ci fossero disguidi risolverli immediatamente con le persone interessate presenti. La caratteristica che contraddistingue il leader è l'esempio che dimostra e questo varrà sempre più di mille parole e discorsi fatti. Infine sarà importante sviluppare un forte carisma, così che le persone possano apprezzarti, e per farlo dovrai alternare l'essere autoritario quando serve e affabile quando si può. Ma attenzione mai mescolare le due cose insieme, altrimenti la leadership la perderai. Pugno duro quando è necessario e apprezzamenti e complimenti quando se li meritano.

Basta procrastinare, è la tua vita che è in gioco, se non decidi tu ora e subito sarà qualcun altro a decidere per te. Perché tu? Perché ora? Perché ti sei ritrovato a comprare questo libro? Io non credo tanto nel destino, il destino bisogna crearselo perché ti capiteranno sempre situazioni positive o negative, ma so per certo che esiste un'energia particolare che attrae le persone ad un libro o ad una persona, ed è la voglia di poter cambiare, migliorare e innalzare i propri standard, già per questo tu hai fatto il primo passo verso il tuo successo.

Lo so forse non te ne stai rendendo conto, ma quello che hai letto è entrato dentro di te, datti il tempo di digerirlo, di assimilarlo, rileggilo se ne hai bisogno ma ti scongiuro AGISCI, esci da questa trappola, non lasciarti più dominare dal sistema, inizia ad essere tu a dominare e controllare la tua vita.

Agisci lasciando le opinioni delle persone lontane da te, le opinioni contano zero, specialmente se chi te le dà non è un esperto autorevole in quel settore specifico per cui te le sta dando. Pensa a Thomas Edison i suoi insegnanti lo consideravano uno stupido, incapace di imparare alcunché, prima di riuscire ad accendere la prima lampadina dovette collezionare oltre 9000 fallimenti, ma nonostante ciò ha continuato ad agire sempre, provando e riprovando, fin che non ce l'ha fatta. Come potrei parlarti dei Beatles, che furono rifiutati da importanti case discografiche perché ritenevano che il loro modo di suonare non sarebbe mai stato ascoltato dalle persone di quel tempo, a tutt'oggi rimangono il gruppo musicale più potente del mondo. Addirittura Honda venne scartato dalla Toyota in un colloquio come tecnico meccanico perché ritenevano che non ne capisse tanto di motori, ma ci pensi, lui ha comunque continuato e iniziando a sistemare scooter nel suo garage, oggi lo conosciamo come il signor Honda, il suo motto più celebre è: "il successo è fatto dal 99% di fallimenti". Pensa ad Arnold Schwarzenegger, un ragazzo poliomielitico e nonostante ciò è riuscito ad ottenere per ben sette volte il titolo di mister Olympia, massimo riconoscimento per i culturisti, è diventato un attore di successo fin anche Governatore della California. Walt Disney fu considerato un pazzo quando volle costruire il suo parco giochi perché la zona scelta era praticamente una palude, nessuno volle erogargli prestiti, ma lui non vedeva la palude, lui vedeva già migliaia di persone che si divertivano con i loro amici e con le loro famiglie, e ha portato avanti il suo sogno realizzandolo. In una conferenza stampa lo accusarono di non avere nessuna idea da poter offrire al cinema, fallì diverse volte ma si risollevò sempre più forte e tutti noi sappiamo oggi chi è e cos'ha fatto Walt Disney per noi e per i nostri figli ancora oggi grazie alle sue grandi idee e così per tantissimi altri grandi della storia. Capisci cosa voglio dirti, che queste persone nonostante tutto, hanno continuato a credere in loro stessi, ad utilizzare le loro tecniche e strategie e ad agire sempre, senza mai fermarsi, anche se tanti sono stati i loro ostacoli, ma la loro costanza e determinazione gli ha potuto far raggiungere il successo che cercavano e volevano.

Forse ti chiedi del perché voglio che tu possa riuscire, senza chiederti di acquistare mie consulenze private o di partecipare ai miei corsi dal vivo o semplicemente di prendere i miei video corsi, perché ho come unico obiettivo far star bene le persone, svegliarle, scuoterle e sarò felice e appagato solo quando vedrò che ci sono sempre più persone che ridono e sono felici e le avrò allontanate dal malessere, dalla disperazione, dalla crisi. Se vuoi avere veramente dei risultati cogli solo l'unico aspetto positivo e bello che ho voluto trasmetterti in questo libro. Ho avuto questo dono che ho saputo sfruttare e adesso voglio donartelo perché ormai mi conoscete, leggendo questo libro avete ripercorso la mia vita, adesso siamo amici e agli amici si dà senza chiedere nulla in cambio. Fai tue queste dieci strategie, a me hanno cambiato la vita e spero che possano aiutare anche te a migliorare la tua, fanne buon uso, è il mio regalo per avermi dato fiducia.

Quando inizierai ad applicarle, ricordati sempre di farlo con lo spirito giusto, di chi agisce con il fine nella mente. Sarà straordinario sapere che quando lo farai, io ti sarò stato vicino, avrò contribuito a darti la forza e il coraggio di far emergere le tue qualità che erano già presenti dentro di te. Sì proprio così, noi nasciamo con la grinta giusta e la determinazione nel voler ottenere qualsiasi cosa, a qualunque costo, un bimbo non smette di piangere fin che non ha ottenuto le giuste attenzioni o quello che vuole in quel momento, noi crescendo abbiamo permesso al sistema di offuscare ciò che alla nascita abbiamo avuto in dono, è il momento di risvegliarle e riportarle alla luce.

E' giunto il momento di AGIRE! Decidi di farlo ORA!

CONCLUSIONE

Spero di esserti stato utile e di poterlo essere nei prossimi giorni, settimane, mesi ed anni e che anche solo una piccola cosa di quello che hai letto ti abbia fatto scaturire un'idea, o semplicemente dato la forza di reagire o agire. Spero che tu possa consigliare questo libro a tutte le persone a cui vuoi bene e di cui hai stima, così da poterle aiutare ad uscire o a migliorare la situazione in cui si trovano. Come penso tu abbia già capito il Business e il Successo sta nell'avere quelle strategie che possano aiutarti a vincere e a realizzare i tuoi obiettivi e scopi nella vita ed abbinare queste tecniche ad una psicologia incentrata sul voler riuscire, propositiva e vincente. Insieme abbiamo visto cosa sta succedendo oggi e le soluzioni che possiamo trovare, siamo diventati amici perché ti ho aperto le porte e fatto vedere dentro di me, raccontandoti chi sono con la mia storia, ti ho parlato dell'importanza dell'avere degli obiettivi e dell'avere uno scopo, ti ho indotto a riflettere su dove ti trovi, dove vuoi andare e perché oggi è possibile fare business, poi siamo passati a come poter dominare e direzionare la nostra mente tenendo sotto controllo l'umore, successivamente abbiamo parlato di come pianificarsi e gestire il tempo al meglio e di come la psicologia influisce quando applico le strategie, poi siamo passati a capire come funziona la psicologia della vendita, come generare e gestire un cliente e superare tutte le obiezioni, come fare un buon self marketing, l'importanza di decidere di fare qualcosa e la conseguenza del non farlo che ti faranno fare la differenza su tutti gli altri, di come superare i tuoi limiti e alla fine abbiamo parlato di come agire mettendo in pratica tutte e 10 queste strategie.

Adesso immagina di avere una piantina di un tesoro, il tesoro che più desideri, insieme abbiamo disegnato la piantina e tu lo sai, adesso sta a te iniziare la spedizione e andartelo a prendere, uscendo fuori di casa o dall'ufficio, affrontando le difficoltà e dimostrando a te stesso e al mondo che anche tu ce la puoi fare, perché tu lo hai deciso, perché tu lo vuoi, perché tu te lo meriti. Ricorda una cosa importantissima, tutti i motivi che hai per non fare una cosa, sono la risposta del perché invece dovresti farla. Ti faccio un piccolo esempio, se non farai delle azioni perché non hai tempo, è proprio per questo che dovrai iniziare a farle, per capire come generare un reddito che ti possa far esser più sereno e avere più tempo per fare ciò che vuoi, se non farai un corso di formazione perché non hai abbastanza soldi,

dovrai farlo perché forse grazie a quel corso imparerai a generare denaro, capito cosa voglio dirti? Risponditi sempre alla domanda, se non faccio quell'azione che può portarmi quel beneficio, arriverà da solo quel miglioramento?
Voglio farti un REGALO, un'ultima strategia che non era prevista, ma che io voglio donarti lo stesso, promettimi però di custodirla per te, perché avrà senso farla solo dopo aver appreso tutto quello che tu hai letto dentro questo libro.

Adesso appena chiudi il libro ti invito a fare un piccolo esercizio ma molto potente, che ti aiuterà a rilassarti, a visualizzare, pianificare e potenziare la tua crescita personale e professionale. La nostra mente, non distinguendo la realtà dalla finzione, qualsiasi esercizio ed esperienza le farai subire, la percepirà come reale dandoti la possibilità, così facendo, di ottenere con grande anticipo i risultati che vuoi. Riservati 15/20 minuti del tuo tempo e ti esorto a farlo per almeno 21 giorni di seguito senza mai saltare un giorno e di farlo per qualsiasi cosa tu voglia realizzare, a me ha cambiato la vita, lo faccio anche tutt'ora, da quando l'ho imparato non ho mai smesso:
Rilassati, c'è solo pace e serenità dentro di te, respira con il diaframma, di pancia, metti due dita della mano destra sotto l'ombelico e la mano

sinistra sul cuore, appena sarai sereno e in pace, lascia scivolare le mani lungo le cosce, mi raccomando mai incrociare ne mani e ne piedi. Adesso immagina un luogo per te piacevole, se non ne hai già uno puoi crearlo con la tua fantasia, dove tu possa andare ogni volta che hai bisogno di riflettere, pensare e rimettere sulla stessa frequenza mente e corpo. Ecco in questo luogo immaginario potrai creare ciò che vuoi, studiare e pianificare la tua scalata verso il successo, potrai capire come trovare la SOLUZIONE a tutto ciò che desideri fortemente. Immergiti e abbandonati completamente a questa realtà in modo che tu possa provare ogni sensazione direttamente sulla tua pelle, prenditi del tempo per te.
Questa azione deve far sì che il tuo corpo abbia il desiderio ardente di provare quelle emozioni realmente e quindi ti faciliterà la costruzione della realtà che hai solo immaginato. Allineare mente e corpo sulla stessa frequenza ti permetterà di realizzare risultati professionali e personali molto importanti.
Se dovessi essere in difficoltà nel trovare le tue soluzioni sul come concretizzare e creare i tuoi obiettivi, potrai immaginare di avere accanto a te dei consiglieri, dovranno essere minimo due persone (un uomo e una donna), a queste figure ti potrai rivolgere ponendo loro delle domande di

qualsiasi genere, sarà incredibile vedere come le risposte si materializzeranno dentro di te nel corso dei giorni. Sarà un modo per interrogare la tua mente, per stimolarla a creare e a trovare soluzioni una migliore dell'altra. Questo esercizio usalo per rilassarti e migliorarti e custodiscilo dentro di te.

Voglio farti capire una cosa importante prima di lasciarti, quando Alex Zanardi, ex pilota e campione di Formula 1, dopo il suo incidente in una gara ha perso entrambe le gambe, spazzate via da una macchina che lo ha centrato in pieno, la prima domanda che si è posto è stata "adesso con quello che mi resta cosa posso fare?" capite, ha subito cercato una soluzione e oggi è diventato anche campione Para Olimpico di handbike.
Esiste sempre una nuova possibilità e una nuova rinascita, ma solo se la si vuole vedere.
Lo so cosa stai pensando, sembra così tutto semplice e facile, ma io ce la farò? Io sono destinato davvero a cambiare la mia vita? Avrò la forza per combattere? Riuscirò a rialzarmi dopo le sconfitte? Riuscirò a far decollare il mio business? Sai, io credo in te molto di più di quanto tu creda in te stesso, tu puoi, tu devi perché in questa vita abbiamo solo un giro di giostra e meriti anche tu di vivere una vita che merita di essere vissuta in pieno.

Voglio lasciarti raccontandoti l'ultimo aneddoto: I samurai quando andavano in guerra usavano un'armatura molto particolare, ovvero che li proteggeva solo davanti, tutto il dietro era scoperto, sai perché? Perché loro pensavano solo ad attaccare e al riuscire, non sarebbero mai scappati, non avrebbero mai abbandonato i compagni, avrebbero affrontato qualsiasi sfida a rischio di rimetterci la vita. Diventa un samurai, affronta la vita, sconfiggi la paura, sii coraggioso, tu puoi farcela, puoi essere l'artefice del tuo successo, della tua vita e di quella di molti altri, io sarò al tuo fianco se vorrai, adesso vai e spacca tutto!

Ti invito a scrivere sui miei social un tuo feedback positivo su questo libro e man mano tienimi al corrente dei tuoi progressi e successi, perché io vorrò festeggiarli insieme a te. Voglio essere il tuo miglior fan.

Un abbraccio
Giuseppe Diurno

APPENDICE

Esistono tre tipi di persone, quelle che guardano le cose accadere, le persone che si stupiscono che le cose accadano e le persone che le cose le fanno accadere realmente.

Tu che persona vuoi essere?

Dì a te stesso chi vuoi essere adesso che hai tutti questi elementi a tua disposizione:

_____

_____

_____

_____

_____

_____

Mi farebbe davvero piacere ricevere una tua recensione su questo libro, perché l'esperienza che vive una persona leggendo e attuando passo dopo passo tutte le strategie è molto più significativa, toccante e reale rispetto a quella di un professionista che scrive recensioni per lavoro.
Quindi ti invito ad andare sulla mia FanPage Facebook Giuseppe Diurno "personaggio pubblico", e dopo aver messo MiPiace potrai lasciare il tuo commento, e nello stesso modo sarebbe carino che lo mettessi anche sul tuo profilo personale così da far capire a tutti che OGGI FARE BUSINESS E' POSSIBILE.
Se ti fa piacere puoi visitare il sito www.giuseppediurno.com dove troverai tante informazioni utili sia per te che per il tuo Business.

Scrivi i nomi di tre persone a cui vorresti consigliare questo libro, persone davvero importanti per te che stimi e che vorresti aiutare, io penso che sia strepitoso a volte poter aiutare le persone semplicemente consigliando qualcosa che riteniamo essere davvero importante.

Scrivi qui i 3 nomi per te più importanti così da ricordarteli e poi mandali sul sito www.oggifarebusinessepossibile.com e dai anche a loro questa grande possibilità di miglioramento e cambiamento.

1_____

2_____

3_____

www.oggifarebusinessepossibile.com

"Sii come l'acqua, cambia la tua forma, ma non perdere mai la tua essenza". Bruce Lee

Nella TUA VITA puoi decidere se essere una semplice comparsa, o nonostante chi sei, cosa fai e dove vivi, POTER DIVENTARE IL PROTAGONISTA partendo da zero e rinascere nonostante le avversità!

Mi farebbe tanto piacere restare in contatto con te e festeggiare i tuoi successi, se vorrai potrai anche scrivermi un' e-mail su info@giuseppediurno.com

RISORSE

Ricorda di investire sempre tempo e soldi per la tua crescita personale e professionale. Non pensare mai che siano soldi sprecati, perché restare nell'ignoranza di non sapere ti costerà molto più caro.

*Vai oltre i tuoi schemi,
sfida te stesso!!!*

PER LA TUA CRESCITA
PERSONALE E PROFESSIONALE

Attualmente per la tua crescita personale e professionale restando in contatto sul sito ufficiale **www.giuseppediurno.com** e su tutti i miei social che trovi con il nome di Giuseppe Diurno, se lo vorrai, potrai sapere quando partecipare ad un mio corso live, come avere delle consulenze private o aziendali o come avere accesso ai video corsi.

RINGRAZIAMENTI

Un ringraziamento speciale va a mia moglie Serena, una donna straordinaria che mi sostiene continuamente e ai miei figli, Atena e Achille che grazie alla loro presenza ho trovato la forza e la giusta motivazione per dare il meglio in questo libro.

Un grazie va anche ai miei genitori Giovanni e Loredana e mio fratello Alessandro che hanno sempre creduto in me.

Volevo ringraziare anche Lorenzo Ferrari, un leader ed imprenditore di successo che io stimo molto, per la meravigliosa prefazione che ha voluto dedicarmi.

Un grazie di cuore va anche a chi oggi collabora con me e ha deciso di rilasciare la sua testimonianza, per farvi capire che oggi, se si vuole, si può.

BIBLIOGRAFIA

Ait L., *Fai diventare grande la tua piccola impresa. Manuale di business per piccoli e medi imprenditori.* Milano, Mondadori, 2014
Bardolla A., Ait L., *Milionari in 2 anni e 7 mesi. I pilastri della ricchezza*, Cles (TN), Sperling & Kupfer, 2011
_ *Business Revolution*, Cles (TN), Sperling & Kupfer Editori, 2011
Bardolla A., *I Soldi fanno la Felicità*, Cles (TN), Sperling Paperback, 2006
-*L'arte della Ricchezza*, Cles (TN), Sperling & Kupfer, 2008
-*Fai decollare la tua attività. Come creare un business di successo senza preoccupazioni*, Milano, Gribaudo, 2013
- *La ricchezza è nelle tue mani. Primi passi verso la libertà finanziaria*, Milano, Gribaudo, 2013
- *Crea il tuo bilancio familiare. Come raggiungere la tua libertà finanziaria*, Milano, Gribaudo, 2013
- *I 6 cattivi consigli che ti hanno dato. Cambia il tuo punto di vista sul denaro*, Milano, Gribaudo, 2013
Belotti C., *Prendi in mano la tua felicità. Diventa la persona che vuoi essere con il mio metodo di coaching*, Cles (TN), Sperling & Kupfer, 2013

-*La vita come tu la vuoi. Realizza il tuo progetto più bello: te stesso*, Cles (TN), Sperling & Kupfer, 2013

Carnegie D., *Come trattare gli altri e farseli amici*, Milano, Fabbri, Bompiani, Sonzogno, Etas s.p.a., 1990

_*Come godersi la vita e lavorare meglio*, Milano, Fabbri, Bompiani, Sonzogno, Etas s.p.a., 1994

Cerè, R., *Se Vuoi Puoi Power. 10 Strategie per ottenere ciò che vuoi nel business e nella vita*, Milano, Metamorfosi, 2013

Coelho P., *L'alchimista*, Milano, Bombiani, 2008

Cowan C.C., Todorovic N., Belotti C., *The Spiral. Capire e prevedere i comportamenti degli altri con le Dinamiche a Spirale*, Cles (TN), Sperling & Kupfer, 2013

Hard E. T., *I segreti della mente milionaria. Il gioco interiore della ricchezza*, Milano, Gribaudi, 2008

Hedges B., *Tu, S.p.a.*, Intern et Services Corporation, Charlotte, NC, U.S.A., 1999

Hill N., *Pensa e arricchisci te stesso*, Milano, Gribaudi, 2003

-*Il segreto della libertà e del successo*, Milano, Gribaudi, 2012

Kiyosaki T. R., *Il business del 21° secolo*, Milano, Gribaudi, 2012

Kiyosaki T. R., Lechter L. S., *Padre ricco padre povero. Quello che i ricchi insegnano ai figli sul denaro*, Milano, Gribaudi, 2004

-*A scuola di business. Per chi vuole aiutare gli altri*, Milano, Gribaudi, *2007*
Mandino O., *Il più grande venditore del mondo*, Milano, Gribaudi, 2008
Nacinelli G., *Io sono, io posso. Diario di un precario d'assalto*.
Robbins A., *Come migliorare il proprio stato mentale, fisico, finanziario. Manuale di psicologia del cambiamento* Milano, Bompiani Tascabili, 1992
-*Come ottenere il meglio da sè e dagli altri. Il manuale del successo nella vita e nel lavoro*, Milano, Bompiani Tascabili, 2000
Re R., *Leader di te stesso. Come sfruttare al meglio il tuo potenziale per migliorare la qualità della tua vita personale e professionale,* Milano, Mondadori, 2006
Sacchi E. M., *Il segreto del carisma. Racconti emozionanti, tecniche concrete ed azioni mirate per chi vuole sviluppare autorevolezza, credibilità e capacità di attrarre,* Milano, Franco Angeli/Trend, 2008
Toskich B., *Da Treno a Taxi. Come fare condoglianze alla concorrenza,* Cles (TN), Sperling & Kupfer, 2005
- *Verbal Driver. Le parole per toccare e muovere la mente del cliente,* Cles (TN), Sperling & Kupfer, 2009

Tovazzi R., *A scuola di PNL. Come migliorare i propri risultati con la programmazione neurolinguistica,* Milano, Mondadori, 2014

Tramp D., Kiyosaki T. R., *Il dono di Mida. Perché alcuni imprenditori diventano ricchi e altri no,* Milano, Gribaudi, 2012

www.ingramcontent.com/pod-product-compliance
Lightning Source LLC
Chambersburg PA
CBHW060859170526
45158CB00001B/423